삶을 사는 데 필요한 아홉 가지 물음

인생교육론

삶을 사는 데 필요한 아홉 가지 물음

인생교육론

심성보·이미식·김형철·김남희·조수경 지음

서현사

머리말

인간은 누구나 잘 살기 원한다. 인간은 잘 삶에 관한 물음을 던질 수 밖에 없는 존재다. 산다는 것이 무엇인지? 잘 살기 위해서 무엇을 해야 하는지? 잘 살기 위해서는 어떻게 해야 하는지 등 다양한 물음을 던져야 한다.

물음은 해답을 전제하고 있다. 잘 산다는 것이 무엇인지의 물음을 던지면 보편적인 명제와 기준을 찾게 된다. 어떻게 살아야 하는지의 물음은 인생의 과정과 실천에 관심을 갖게 한다. 인생에 던지는 물음은 일회적인 것이 아니라 지속적이고 변화의 과정이며 잘 삶과 순환적으로 연결된다.

잘 삶과 물음이 갖는 지혜는 모파상의 단편소설인 〈목걸이〉[1]에서 얻을 수 있다. 가난한 하급관리의 아내인 마틸드는 장관이 주최하는 파티에 초대되었다. 호화로운 생활을 동경하던 그녀는 남편이 사준 옷에 맞는 값비싼 목걸이를 프레스체 부인에게 빌린다. 그러나 그 파티에서 목걸이를 잃어버리게 되자, 전 재산을 처분하고 그것도 모자라 빚을 얻어서 빌린 목걸이와 같은 것을 사서 되돌려 준다.

빚을 갚기 위해 온갖 고생을 한 마틸드가 반백의 노인이 된 어느 날 스스로에게 물음을 던진다. 그날 그 목걸이를 잃어버리지 않았다면 어떻게 됐을까? 그녀는 인생이 참으로 기묘하고 변화무쌍하다고 느낀다. 그러다가 빚을 거의 갚았을 즈음 우연히 이전과 다름없이 우아한 자태를 지닌 프레스체 부인을 만나서 그간 자신에게 있었던 사건의 전말을 고백하게 된다.

---

1) 기 드 모파상. 이정림 역(2015). 《모파상 단편선》. 범우.

마틸드의 얘기를 다 들은 그 부인은 이렇게 말한다. “내가 빌려준 그 목걸이 값을 갚느라 10년이나 고생했단 말이에요? 어쩜, 어떡하면 좋아. 마틸드! 내건 가짜였어. 기껏해야 5백 프랑밖에 나가지 않는…….” 물음이 없는 인생의 비극적인 결말을 여지없이 보여주는 작품이다.

요즈음 청소년들은 사춘기를 겪을 시간적인 여유가 없다. 사춘기를 겪지 못한 청소년들이 대학에 입학하면 그때부터 인생에 대한 물음을 갖기 시작한다. 물론 여전히 물음을 던지지 못하는 청년들도 주위에서 만날 수 있다.

이 책은 잘 삶에 대한 물음을 던지는 이들을 위한 책이다. 물음은 오늘 그리고 내일, 어떻게 잘 살 것인가 하는 것이다. 물음의 내용은 궁극적이고 일상적인 것들이다. 필자들은 행복, 우정, 공부, 사랑과 인간관계, 꿈, 일과 놀이, 죽음에 대한 물음을 던지고 그 물음들에 대한 응답을 기다렸다. 물음을 던지고 응답을 기다리는 시간은 아름답고 의미 있었다. 여름이 가고 또 다른 여름과 가을이 왔다. 우리 모두는 인생의 물음 앞에서 올곧게 버티려고 노력하면서 글을 썼다.

두 번의 여름을 지나면서 각자의 물음에 정직하게 쓴 글들이 인생의 물음을 던지는 이들에게 위로와 용기를 주었으면 한다. 그리고 우리들의 글이 물음을 함께 던지는 동반자가 되었으면 좋겠다.

2015년 8월

필자를 대표해서 이미식 씀.

차례

제4장 사랑, 그 찬란한 아픔을 통해 성장할 수 있을까?

제5장 인간관계의 기쁨을 누리려면 어떻게 해야 할까?

제6장 정의란 무엇인가?

제7장 꿈을 이루고 성공한다는 것은 무엇입니까?

제8장 일과 놀이는 함께 갈 수 있을까?

제9장 죽음이란 무엇인가?

제 1 장
여러분은 지금 행복합니까?

여러분은 지금 행복합니까?

최근 우리 사회에는 '행복'이 중요한 담론으로 등장하였다. 각종 광고매체뿐만 아니라 정치적 구호로까지 등장했으니 말이다. 무한경쟁사회에서 여러 가지 어려움을 겪으면서 과연 행복한 삶이란 어떠한 것인지 알고 싶어 하는 욕구의 표현인지도 모른다. 그러나 행복이 무엇인지 물으면 선뜻 대답하기가 쉽지 않다.

미국 여론조사기관인 갤럽이 2015년 '세계 행복의 날(3월 20일)'에 맞춰 실시한 조사에 따르면 우리나라의 행복지수는 조사 대상 143개국 중 118위였다. 세계경제 11위인 우리나라 사람들의 행복지수가 이리도 낮다는 것은 행복지수가 반드시 국가나 개인의 경제력과 비례하지는 않는다는 것을 보여준다. 그렇다면 좋은 삶이란 구체적으로 어떠한 삶이고, 어떤 삶이 진정으로 행복한 삶인가? 모든 인간이 행복을 원한다. 인간 존재는 세계 속에서 행복을 추구하며, 아무도 그것을 부정하지 않는다.

학생들에게 묻는다.

"당신은 왜 공부합니까?"

"졸업장을 받기 위해서입니다."

"왜 졸업장을 원합니까?"

"졸업장이 있어야 일자리를 얻을 수 있기 때문입니다."

"그러면 왜 일하고자 합니까?"
"일을 해야 돈을 벌 수 있지 않습니까?"
"그렇다면 왜 돈을 벌어야 하죠?"
"돈이 있어야 필요한 모든 물건들을 살 수 있고, 자기가 원하는 활동을 즐길 수 있으니까요."
"그러면 왜 사람들은 이 모든 것을 가지려고 하죠?"
"그거야 행복해지려는 것이죠."

이렇게 이어지는 질문과 대답을 보노라면, 행복은 분명히 인생의 목적이고 이를 위한 모든 인간 활동은 단지 긴 사슬처럼 엮인 수단에 불과하다. 결국 인간의 모든 삶이란 전적으로 행복이라는 단 하나의 목적을 향해 있다(필립 반 덴 보슈, 1999:20~21).

1. 행복과 쾌락은 어떻게 다른가?

행복은 단순한 즐거움이나 일시적인 쾌락과 구분되는 매우 복잡하고 어려운 개념이다. 그렇기 때문에 아름답지만 좀처럼 손에 잡히지 않는 '무지개' 같은 것으로 비유되는지도 모른다. 그렇다면 행복을 위해서 우리가 할 수 있는 것은 무엇인가? 희열과 안락을 가져다주는 것을 모두 행복이라고 말한다면 쾌락과 행복은 동일한 행위인가? 쾌락과 거리가 먼 고통스러운 행위도 행복이라고 할 수 있는가? 쾌락과 행복은 어떻게 구별할 수 있으며, 이들을 구별하는 의미는 무엇일까?

쾌락(pleasure)은 주로 '자연적으로 도취된 기분'이며, 동물적인 감각이다. 신경전달물질인 도파민은 음식, 섹스, 약물과 기타 쾌락자극물질과 반응해 뇌에서 분비된다. 그래서 도파민을 뇌의 쾌락물질이라고 부르기도 한다. 쾌락은 순간적으로 왔다가 빠르게 사라지는 동물적인 감각으로 일시적으로 기분이 좋아지게 한다. 결국 쾌락을 추구하는 사람은 점점 자극의 정도를 높이거나 새로운 자극을 찾는다.

반면 행복(happiness)은 장기간에 걸친 내적 감정을 갖는 가치로서 '잘 살고 있다는 느낌' 이다. 자신의 의지대로 감정을 바꾸기란 쉬운 일이 아니지만, 긍정적인 생각을 계속하다 보면 기분도 좋아진다. 그런데 진정한 행복은 푸근한 만족감이나 즐거움 그 이상이다.

행복은 기쁨, 즐거움, 쾌락이 늘어나고 고통, 아픔, 슬픔이 줄어드는 삶이지만, 제비가 봄을 불러오지 않듯 기쁨이 반드시 행복을 불러오는 것은 아니다. 행복은 순간의 즐거움을 넘어선 지속적 만족이다. 인간이 바라는 행복은 필연적으로 영원한 성격을 지니거나, 적어도 살아가는 동안에는 지속적이어야 한다.

2. 행복이란 무엇인가?

오래전부터 플라톤, 아리스토텔레스, 달라이 라마 등 위대한 사상가들은 행복의 정확한 정의를 내리기 위해 고심하였다. 대체로 행복은 '사람이 불행이나 죽음을 유발할 수 있는 외부의 힘에 맞서기 위해 행동으로 나서는 상태' 로 정의한다(리즈 호가드, 2006: 29).

좋은 느낌과 긍정적인 마음을 갖고 활기 넘치는 생활을 하며, 인생에서 가치 있는 선택을 하며 살아갈 때 행복하다고 할 수 있다. 우리에게 희열과 안락을 가져다주는 것은 분명 행복을 이루는 주요한 성분임에 틀림없다. 행복은 인간이 추구하는 삶의 궁극적인 목표로서 자신의 잠재력이 실현된 현실이다.

행복은 인간의 삶에 본래 좋은 것이 무엇인가에 대한 유일하게 타당한 표준으로서 쾌락과 늘 비교되어 왔다. 사람들은 배가 고프면 먹고 싶어하고, 부족하면 그것을 획득하기 위해 온갖 노력을 기울인다. 또 어떤 사람은 비록 풍족하다고 하더라도 더 많은 것을 획득하기 위해 소유와 축적에 큰 의미를 부여하며 산다.

그러면 어떤 경우를 행복한 삶이라고 말하고, 어떤 삶을 불행한 삶이라고 말할 수 있는가? 충분하고도 넉넉한 경제적 · 사회적 조건이 마련된 사람은 행복한가? 만약 그렇다면 한 개인이 인생에서 많은 불행을 경험했음에도 불구하고, 행복한 것은 왜 그런가? 쾌락과 행복의 궁극적인 차이는 무엇인가? 왜 궁극적 차이를 찾고자 하는가?

일찍이 에피쿠로스는 육체의 쾌락을 반대하는 것이 아니었다. 단지 쾌락에 너무 관심을 두는 것은 오히려 불행과 고통에 이르는 가장 확실한 길임을 밝히고자 하였다. 육체적 쾌락은 결코 완전한 만족일 수 없다는 것이다. 만일 그런 쾌락에 계속 빠지게 되면 그 쾌락을 추구하는 사람은 불만족하게 될 것이다. 그리고 늘 고통에 시달릴 것이다. 예를 들어 어떤 사람이 많은 돈, 대중의 인기, 부나 명예를 원하면서 현재의 상태에 만족하지 못하면 늘 고통에 시달리게 될 것이다.

그렇지만 지혜로운 사람은 자신의 욕망을 통제할 수 있으며, 자신의 요구만큼 충족시킬 수 있다. 적절한 욕구가 만족될 때 인간의 욕망은 어느 정도 균형을 잡을 수 있을 것이다. 식도락가가 자신이 좋아하는 음식을 과식할 때보다는 현명한 사람이 적절한 빵과 물을 먹을 때 행복을 더 쉽게 느낄 수 있다. 왜냐하면 현명한 사람은 음식을 조금만 필요로 할 뿐만 아니라 조금만 먹어도 된다는 것을 알고 있기 때문이다. 인간의 본성이 추구하는 궁극적인 쾌락은 '마음의 평정'이다. 에피쿠로스는 그것을 육체적 고통 없이 정신이 평온한 안정 상태라고 말한다. 평정의 느낌을 얻으려고 한다면, 욕망을 점차 줄여가며 불필요한 근심을 극복하고 가장 영구하게 지속되는 정신적 쾌락에 의지해야 한다.

그런데 기쁨이나 환희가 행복을 구성하는 데 충분한 요소인가? 사실 만족과 기쁨의 상태가 멈출 경우, 그 대신 불만족과 고통이 올 것이다. '만족한 돼지보다는 불만족한 소크라테스가 되는 것이 더 낫다'는 밀(J.S. Mill)의 유명한 말도 인간의 행복에는 쾌락을 등급 매길 수 있는, 보다 높은 고상한 가치가 존재한다는 것이다. 지성, 정서, 상상력, 도덕적 감정 등은 단순한 감각적 쾌락보다 높은 가치를 갖는다. 인간은 동물적 욕구보다 도야/수양 능력을 갖고 있다.

만일 어떤 사람이 '지적 쾌락'과 '감각적 쾌락' 중에서 지적 쾌락을 선호한다면, 이는 '지적 쾌락'의 우월성을 보여주는 것이다. 인생의 도덕적 가치는 인간의 능력에 대한 고차적 쾌락에서 발견된다. 아무리 쾌락의 양이 많다고 하더라도 질적 요소가 포함되지 않는다면 진정한 쾌락이라기보다는, 그것은 '엔조이(enjoy)'라고 말할 수밖에 없을 것이다. 만일 만족한 돼지보다 불만족한 소크라테스가 낫다면, 도덕성은 우리가 경험하는 쾌락의 양이 아니라 인간됨 속에서 발견할 수 있는 행복에 비례할 것이다. 행복은 좋은 느낌과 긍정적인 마음을 갖고 활기 넘치는 생활을 하는 상태이다. 그리고 인생에서 가치 있는 선택을 할 경우이다(리즈 호가드, 2006: 29~30).

그렇다면 쾌락을 넘어서는 진정한 행복이란 무엇인가? 그것은 단순히 '주관적으로 좋다고 느끼는' 삶이 아니라 '객관적으로 좋은' 삶을 사는 것을 의미한다. 그리하여 고차적 행복, 즉 가능한 고통을 면해주고 행복의 향유를 가능한 풍부하게 하는 것이 모든 인간의 삶의 목적이다. 인생에서 추구하는 아름다움, 명성, 부 등은 더 높은 목표인 행복에 다다르기 위한 수단에 지나지 않는다. 쾌락의 원천이 갖는 본래적 가치를 지니고 있을 때 행복하게 산다고 말할 수 있다. 플라톤(Platon)이 행복을 '영혼의 조화'로 생각했을 때 그가 생각한 행복은 바로 이런 것이다. 그래서 아리스토텔레스(Aristoteles)는 쾌락을 추구하는 삶을 검토하면서 쾌락이 행복의 구성요소가 될 수 없다고 지적하고 쾌락적 삶의 가치를 전적으로 부정하였다. 쾌락적 삶이 가치 있는 삶이라거나, 쾌락이 행복의 구성 요소라고 믿는 유일한 근거는 세상의 유력자들이 쾌락을 좇는 모습을 보이기 때문이다. 사실 이들의 삶을 자세히 살펴보면 늘 동물적이기에 쾌락을 추구하는 것은 결코 가치 있는 일이 아닐 것이다.

행복이라는 낱말이 갖는 심리적 연상 때문에 객관적으로 만족스러운 경우를 뜻하는 말로 그리스어 'eudaimonia'를 'happiness'가 아니라 'well-being(잘 삶)' 또는 '만개(flourishing)'라는 말로 번역하는 것이 더 적합하다고 말하는 사람이 있다.[1] 잘 삶은 탁월성에 의해 추구되는 '선(善)'이라는 뜻을 갖는다. 선은 지적 · 도덕적 덕/탁월성과 같은 요소를 포함한다. 아리스토텔레스는 행복의 획득이란 선한 삶의 실현에서 온다고 생각하였다.[2] 무엇이 '좋다(善)'고 말하는 것은 어떤 조건하에서 그것을 추구하거나 목표로 삼는다는 것이다.

행동과 목표는 무수히 많기 때문에 선 또한 무수히 많다. 그러기에 내가 만약 목표로 삼고 있는 것을 선이라고 부른다면, "내가 추구하는 것은 내가 원하는 것을 원하는 사람들이 일반적으로 추구하는 것이다"라는 사실과 같다. 예를 들어 좋은 운동이나 좋은 휴가 등을 선이라고 써서 '좋다'라고 부른다면, 그것을 원하는 사람들이 전형적으로 받아들이는 표준을 거론하고 있는 것이다.

따라서 무한한 가치를 지닌 인생을 시시한 일에 찔끔찔끔 낭비하면서 잘 살았다고 주장하지 말아야 한다. 행복하기 위해서는 단순히 시간을 때우는 심심풀이가 아니라, 본질적으로 가치 있는 활동이 생활에 반드시 포함되어야 한다. 가치에 기초를 둔 행복은 의미 있는 삶을 살거나 좀 더

---

1) 'eudaimonia'를 '행복(happiness)'이라고만 번역하지 못하는 것은 그것 속에 '잘 행동함(behaving well)'과 '잘 살아감(faring well)'이라는 생각이 모두 포함되어 있기 때문이다. 그래서 본고에서는 두루 혼용하여 사용한다.

2) 아리스토텔레스주의자인 아들러(Adler)는 행복을 획득하기 위한 참된 선의 항목을 일곱 가지, 즉 신체적 선(감각의 즐거움, 신체적 건강), 경제적 선(생계수단, 노동조건), 정치적 선(정치적 자유와 평화), 사회적 선(지위와 대우의 평등), 개인적 결합의 선(가족관계, 우정, 사랑), 정신의 선(지적 덕), 인격의 선(도덕적 선) 등으로 압축하였다.

큰 목적을 달성했을 때 느끼는 감정을 말한다. 행복은 자신과 화합하는 영혼이라고 말한 플라톤은 그런 영혼은 겉만 번지르르하거나 추악한 가치 체계를 절대로 받아들일 수 없다고 말했다. 행복이란 인간이 인간으로서 궁극적으로 추구하는 영혼의 상태 또는 삶의 조건이라고 여겨질 수 있는 것이어야 한다.

3. 개인의 행복과 공동체의 행복은 따로 존재하는가?

인간이 보다 자족적이 되고, 삶의 궁극적 목적으로 삼는 행복을 구현하기 위해선 '국가' 라는 최종의 공동체를 만든다. 최선의 국가는 행복한 국가이어야 한다. 국가가 행복하다면 시민들 또한 행복한 삶을 살아야 한다. 최선의 정치체제는 누구나 가장 훌륭하게 행동할 수 있어야 하고 행복하게 살 수 있는 제도이어야 한다(아리스토텔레스, 2006).

아리스토텔레스는 '좋은 인간' 이고 '좋은 시민' 이 되어야 행복하다고 하였다. 좋은 인간은 좋은 시민일 수 있다. 그러나 좋은 인간이 좋은 시민이 되려면 반드시 어떤 단서조항이 따라야 한다. 왜냐하면 정치적 활동에 참여하지 않는 사람은 시민일 수 없기 때문이다. 이러한 관점에 선다면 인간은 본성적으로 정치적 동물이라고 할 수 있고, 정치적 공동체는 인간의 행복을 성취하기 위해 만들어졌다고 말할 수 있다.[3] 따라서 지도자는 가능한 한 모든 시민의 행복을 가장 중요한 것으로 놓아야 한다. 지도자가 시민의 덕을 진작시키는 것은 그들의 행복을 진작시키는 데 본질적이다.

다른 한편으로 좋은 시민이라고 해서 반드시 좋은 인간일 수는 없다.

---

3) 아리스토텔레스는 개인을 행복하게 하는 것이 '윤리학' 의 역할이고, 사회 전체를 행복하게 하는 것이 '정치학' 의 역할이라고 하였다. 전자는 보편적 인간의 문제에 주로 관심을 두고(《니코마코스 윤리학》), 후자는 국가 공동체의 시민 문제에 주로 관심을 둔다(《정치학》).

시민으로서의 의무를 다하는 것만으로 좋은 인간이 될 수 없기 때문이다. 국가는 인간을 좋은 인간으로, 그리고 좋은 시민으로 교육시켜야만 한다. 좋은 사람은 완전한 덕을 갖춘 사람이다.

그렇지만 훌륭한 사람이 덕을 획득하지 않고서는 훌륭한 시민이 될 수 없다. 왜냐하면 '훌륭한 사람'이 지니는 덕과 '훌륭한 시민'의 덕은 다를 수 있기 때문이다. 이상적으로 보자면 좋은 인간은 좋은 시민이어야 하고, 좋은 시민은 좋은 인간이어야 한다. 말하자면 시민은 법률적 행위에 참여하고, 공직에 나가야 한다는 것이다. 설령 좋은 시민이라고 해서 곧 좋은 인간이라고 단적으로 말할 수는 없다. 그렇지만 이 양자는 완전히 같은 것이 아니다.

그러나 이 둘이 분리될 수 없는 이유는 양자가 공동의 목표로 삼는 삶의 목적이 행복이라는 데 있다. 인간의 목적도 행복이고, 공동체의 목적도 행복이다. 인간의 행복은 탁월성의 추구이지만, 이 탁월성은 이를 달성하기 위한 수단으로서 공동체를 필요로 한다. 또한 공동체의 정치체제인 정체를 필요로 한다.

인간은 본성적으로 정치적 동물이다. 정치적 공동체는 인간의 행복을 성취하기 위해 만들어진다. 인간은 정치적 행위를 통하지 않고서는 행복을 성취할 수 없다. 그래서 시민의 덕의 진작은 그들의 행복을 진작시키는 데 본질적이다. 그리스어 '아레테(arete)'를 지칭하는 덕(virtue) 혹은 탁월성(excellence)은 특정의 실용적 목적을 위한 '지적 덕/탁월성'만이 아니다. 그리고 좋은 인간으로서 인문적 삶을, 다시 말해 철학적 활동을 할 수 있는 '여가(schole'; school의 어원)' 활동을 하며 살 수 있는 도덕적 성향을 지닌 '도덕적 덕/탁월성'을 포함하는 것이었다. 한 인간의 훌륭함과 전체를 구성하는 시민들의 훌륭함을 만들어가는 것을 교육의 목적으로 보았다. 정치적 동물로서 인간이 행복하기 위해서는 좋은 시민이어야 하고 좋은 인간이어야 한다. 인간이 고립되면 '자족적/자기충족적(autarkeia, self-sufficient)' 존재가 될 수 없다(아리스토텔레스, 2006: 374~382).

인간은 로빈슨 크루스 같은 고립된 삶의 방식에서는 자족적 존재일 수 없다. 인간은 개인으로서는 완전해질 수 없다. 본성적으로 인간은 자족적 존재가 아니기 때문에 도리 없이 그 부족함을 메우기 위해 무리를 지어서 살 수밖에 없다. 인간은 종족을 보존하기 위해 남녀가 결합해서 가정을 꾸리지만, 단순히 가정이라는 공동체만으로 자족한 존재가 될 수 없다. 자기충족성을 독립이나 고립만으로 이해할 때 약간의 오해 소지가 있다. 자기충족성의 진정한 의미는 독립의 의미뿐 아니라, 남에게 의존할 필요가 없을 정도로 충분히 능력이 있는 상태란 뜻도 담고 있다. 그러기에 자기충족적인 삶은 반드시 고립적이고 독립적인 삶이 아니며, 국가 안의 시민으로서의 삶을 포함한다고 할 수 있다.

인간은 더 큰 공동체인 국가를 지향한다. 인간은 어떤 좋음/선을 목표로 살아간다. 그것의 궁극 목적은 더 '잘 살기' 위해서다. '잘 삶(well-being)'은 행복(eudaimonia)을 의미한다. 삶을 궁극 목적으로 설립된 국가라는 공동체를 통해서만 인간은 개인의 행복을 진정한 행복으로 구현해낼 수 있다. 국가의 목적은 인간의 삶을 행복하게 하기 위함이면서, 인간의 진정한 삶이란 자신의 탁월함을 신장시키는 방식이다. 행복은 외적인 선보다 우리의 내적인 상태와 더 밀접하다. 그리고 외적인 선은 목적 달성을 위한 수단일 뿐이다. 국가의 행복도 개인의 행복과 같은 탁월함을 전제로 한다. 최선의 국가는 행복하고 잘 사는 국가이다.

그렇지만 훌륭한 행위를 하지 않고서는 잘 살 수 없다. 그리고 개인이건 국가건 탁월함이 없이는 훌륭한 행위를 할 수 없다. 국가의 용기, 정의, 지혜, 절제는 구성원 개개인이 용감하고, 정의롭고, 지혜롭고, 절제할 수 있을 때 비로소 갖추어진다. 개인의 행복과 전체인 국가 공동체의 행복이 다른 것일 수 없다. 개인의 행복과 전체의 행복이 다르다면 인간이 하나의 정치적 공동체를 만들 이유가 없는 것이다. 개인의 행복은 전체

공동체의 행복 위에서 이루어져야 한다. 그래야 공동체 구성원들 간의 갈등이 소멸하고, 서로 조화하고, 서로 평등하게 살아갈 수 있는 것이다. 그러기 위해 '나'는 '우리'를 지향해 나아가야 한다.

인간이 보다 자족적이 되고 또 우리가 삶의 궁극적 목적으로 삼는 행복을 구현하기 위해선 국가라는 최종의 공동체를 만들어내야 하는 것이다. 최선의 국가는 행복한 국가이어야만 한다. 국가가 행복하다면, 시민들 또한 행복한 삶을 살아야 한다. 최선의 정치체제는 분명 누구나 가장 훌륭하게 행동할 수 있고, 행복하게 살 수 있는 제도여야 한다(아리스토텔레스, 2006). 국가는 최고선의 공동체이기 때문에 국가가 목표로 하는 좋음은 최고의 좋음일 수밖에 없다.

최고의 좋음은 좋은 삶이다. 좋은 삶에는 신체의 좋음과 영혼의 좋음을 포괄하고 있다. 좋은 삶은 탁월성에 따른 행위의 삶이다. 행복은 탁월성에 따른 영혼의 어떤 활동이다. 정치의 목적은 최고의 좋음을 성취하는 데 있다. 정치는 시민들을 특정 종류의 성품을 가진 좋은 시민으로, 고귀한 일들의 실천자로 만들어야 한다. 본성적으로 주어진 국가의 목적은 시민들을 탁월한 활동을 하게 함으로써 탁월한 시민으로 만들고 유지시키는 일이다. 정치적 활동 속에서 시민들은 탁월한 시민으로 성장시켜야 한다. 국가의 기본적 목적은 '공적 이로움'을 고려하는 것이다. 어떤 것을 만들어야 하는지 배우는 사람은 그것을 만들어봄으로써 배운다. 정의로운 일을 행함으로써 정의로운 사람이 된다.

결국 행복의 궁극 목적은 외재적 가치에 있지 않고 내재적 가치에 있다. 외재적 가치는 예컨대 재산, 권력, 명예 등이다. 이러한 것들은 우리에게 행복할 기회를 주고 즐거움을 제공한다는 점에서 아주 매력적이다. 그러나 모두가 원하는 것이어서 경쟁이 불가피하다. 제한된 외재적 선(가치)을 향한 경쟁은 인간성을 파괴하기 쉬우며 또한 외재적 선에 따른 행복은 부서지기 쉽다. 외재적 선에 과도하게 의존한 사람들은 행복의 불안정성을 절감한다. 외재적 가치가 불필요하다는 것이 아니라, 그 가치는 내재적 가치의 부산물이어야 한다는 것이 올바른 가치 판단이다. 공부를 하는 목적 또한 그것 자체에 내재한 가치에 의미를 두어야지 공부가 명예나 지위를 위한 외재적 수단이 되어서는 안 된다. 낚시라는 놀이의 진정한 의미는 낚시줄을 당기는 '손맛'에 있지, 잡은 물고기를 먹는 '입맛'에 있는 것이 아님과 같은 이치이다. 피아노 연주자의 궁극적 목표는 연주를 잘하는 것이며, 구두 만드는 사람의 궁극적인 목표는 좋은 구두를 만드는 것이다. 훌륭한 연주를 하고 훌륭한 작품을 만들 듯이 사람들은 각자 자기의 기능을 잘 발휘하여야 한다.

그러나 인간은 연주자나 기술자의 기능 이전에 한 인간으로서의 기능을 잘 발휘할 때 인간으로서 잘 살게 될 것이다. 인간만의 독특한 행위는 자신의 합리적인 힘을 발휘하는 데 달려 있으며, 인간만의 독특한 탁월성은 그 합리적인 힘을 '올바르게' 발휘하는 데 달려 있다. 그러기에 인간의 기능은 덕과 일치하는 영혼의 행동이어야 한다. 만약 존재하는 인간의 탁월함 혹은 덕의 숫자가 많다면 그중에서 최고이자 가장 완벽한 것과 합일되도록 행동하는 것이다.

교육을 통해 얻은 지적 · 도덕적 덕/탁월성[4]을 향유하는 삶은 불행과 불운을 어느 정도 피하게 해줄 뿐만 아니라 불가피할 경우는 더불어 살아갈 수 있도록 해준다. 지적 · 도덕적 행복은 다른 것에서 얻는 즐거움보다는 더욱 안정적이다. 플라톤은 배움에서 오는 행복이 승리와 이득에서 오는 즐거움에 비교할 수 없을 정도로 크다고 하였다. 승리와 이득도 우리에게 즐거움을 선사하지만, 지혜를 배우는 데서 오는 행복과는 비교도 되지 않을 것이다. 교사가 행복하다는 것은 잘 가르치는 지성적 교사이면서 좋은 실천을 하는 도덕적 교사일 경우이다. 교사는 지적 · 도덕적 덕에 따른 활동을 할 때 행복하다고 할 수 있다. 지적 · 도덕적 덕은 교사의 인격을 형

4) 그리스어 'arete'를 영어로는 'virtue' 또는 'excellence'로 번역한다.

성하고 교양을 갖게 하는 시민이 되게 하는 요소이다. 교사의 행복은 지적·도덕적 탁월성을 발휘하며 자신의 가르치는 일에 몰입하고 헌신하는 데서 발견된다고 할 수 있다. 내재적 선/가치로서 지적 탁월성과 도덕적 탁월성이 결여되면 불행한 삶을 살 수밖에 없다. 아리스토텔레스는 인간이 궁극목적(telos/life' s final end)에 따라 사는 삶을 행복한 삶이라고 했다.

행복한 사람은 자신이 운명에 끌려 다니는 희생물이 아니라, '삶의 주인' 이라고 믿고 있고, 삶의 주인이 되는 기술과 지식을 가지고 있다고 믿고 있다. 이러한 점에서 사람의 행복은 스스로가 자기 존재의 주인이 되는 데서부터 온다. 즉, 자신이 자신의 인생 계획의 본질을 결정하는 자율적인 창조자이어야 한다. 반면 자신을 무기력하고 타인의 결정에 좌우되는 인간이라고 생각한다면 우울증을 유발할 뿐이다.

그래서 행복이란 인간이 인간으로서 궁극적으로 추구하는 영혼의 상태 또는 삶의 조건이라고 여겨질 수 있는 것이다. 아리스토텔레스는 행복을 궁극 목적을 따라 사는 삶이라고 하였다. 인간은 본래적으로 가치 있다고 평가되는 그 무엇을 위해, 모든 사람을 위한 궁극적 목적으로서 '본래적 가치' 의 기준 역할을 하는 인생의 목표를 설정하고 산다. 사람이 인생의 바람직한 표준을 설정하고 살아가려면 '본래적 가치' 즉 목적 자체로서 좋은 것, 그 자체를 위해 추구되는 것과 '외재적 가치' 즉 수단 또는 도구로서 좋은 것을 구별할 수 있어야 한다.

어떤 사람이 돈을 벌기 위해 신체적 건강을 위한 수단으로서 사회적 위신 때문에 테니스를 즐긴다고 하면 테니스 자체에서 얻는 희열은 그다지 크지 않을 것이다. 이는 외재적 가치를 지니고는 있지만, 본래적 또는 본질적 가치를 지니고 있다고 말하기 어렵다. 테니스 경기를 하는 것은 그 자체적인 목적만으로도 추구할 가치가 있기에 좋은 것이다. 다른 경기와 구별되는 테니스만이 가지고 있는 내재적 가치를 많이 인식하고 있을 때 테니스 경기를 즐길 수 있다.

행복이란 감정도 '나'라는 존재를 인식할 수 있어야 느낄 수 있기에 이 세상에 태어난 것 자체가 큰 행복이다. 그렇지만 욕심과 질투에 사로잡힌 인간에게는 그런 근원적인 행복이 간과될 수밖에 없다. 따지고 보면 인간이란 참 골칫덩어리이다. 자아를 인식하며 행복을 만끽할 수 있는 가장 행복한 존재로 태어났지만 그 행복을 아는 사람은 60억 인류 중 별로 없으니 말이다. 그러기에 삶을 제대로 살려면 가치 있는 삶을 추구하는 데 인생의 목표를 두어야 한다. 가치 있는 삶이란 의미를 채우는 삶이다. 의미를 채우는 삶은 내게 허락된 인생에서 내 삶이 어디쯤 와 있는지, 얼마나 남아 있는지 스스로 확인하는 데서 시작된다. 소유에 집착하면 그 집착은 우리들의 자유를, 우리의 자유로운 날개를 쇠사슬로 묶어버리기 쉽다.

행복한 인생의 목표는 풍부하게 소유하는 것이 아니라, 풍성하게 존재하는 데 있다. 삶의 부피보다는 삶의 질을 근본적으로 문제의 중심으로 삼아야 한다. 사람은 무엇보다도 삶을 살 줄 알 때 사람일 수가 있다. 우리들 자신을 안으로 항상 성찰해야 한다. 안으로는 되살펴야 하고, 무엇이 되어야 하고, 무엇이 될 것인지를 스스로 만들어가야 한다. 그 일이 무엇이든 내 손으로 할 때 행복을 체험한다. 그것을 남에게 맡기면 내게 주어진 행복의 소재가 소멸된다. 행복의 소재는 채우려고만 하지 말고 텅 비울 수 있어야 한다.

4. 불행한 현실에서 어떻게 행복해질 수 있는가?

정의가 지켜지는 평화로운 나라에서 자유롭고 건강하게 장수하면서 사랑을 나누고, 배움과 교육의 기회를 갖고 충분한 생계 수단을 누리면서 세계 여러 곳을 여행하고, 최대한 다른 사람의 행복에 기여하는 동시에 환경을 보호할 수 있다면 더 이상 바랄 것이 없을 것이다.

젊은이들은 학교에서, 그리고 교육을 받는 동안 행복해야 한다. 그들의 장기적인 행복을 고려할 때 교육은 학습자에게 땀과 눈물을 동반하는 수고와 노력을 필요로 한다. 이것은 타인과의 치열한 경쟁이 아니라, 자기 안에 있는 탐욕, 권태, 나태 등을 극복하려는 시도에서 요구되는 것이다. 교양 있는 사람은 명예와 이득을 비롯한 외적 선을 통한 행복의 추구보다는 배움의 즐거움 속에서 행복을 발견하도록 해야 한다.

학습자가 학교에서 독서와 사색, 대화의 즐거움을 경험하지 못하면 학교는 권태롭고 단조로울 뿐이다. 이것은 학교를 넘어 인생 전체로 확산될 수 있다. 교육의 중요한 요소인 독서, 사색, 대화에서 오는 즐거움을 모른다면 인생과 공동체는 행복과 거리가 멀어진다. 독서, 사색, 대화는 행복의 조건으로서 내재적 선을 획득하게 해준다. 내재적 선을 대표하는 지적 덕과 도덕적 덕은 획득하기 어렵다. 그렇지만 한번 획득하게 되면 비교적 지속적인 힘을 발휘할 것이다. 이것들은 외부에서 달려드는 불운과 환경의 영향을 감내하도록 해준다.

행복의 추구에는 세계의 창조 못지않게 악의 문제가 늘 개입한다. 악의 문제는 상상적으로만 고찰할 것이 아니라 삶의 현장과 관련시켜 고찰하여야 한다. 불행을 대비하고 불가피할 경우 그것을 감내하는 교육이 요청되는 것도 부분적으로는 악의 문제를 피할 수 없기 때문이다. 교육은 행복을 추구하는 힘을 길러야 할 뿐만 아니라, 불행을 감내하는 힘도 길러야 한다. 사람들 중에는 불행과 불운 앞에서 쉽게 생을 포기하거나 좌절하는 사람도 있다. 이를 벗어나기 위해 타인을 해치는 범행을 저지르기도 한다. 지적 탁월성과 도덕적 탁월성의 가교를 놓는 '실천적 지혜'는 행복 구현에 매우 중요하다.

실천적 지혜를 획득하기 위해서는 문제된 상황을 객관적으로 멀리에서 바라볼 수 있어야 한다. 현실 문제에서 어느 정도 초연해야 사태의 전모를 바라볼 수 있고, 이성에 따라 판단할 수 있다. 우리가 이성을 신뢰한다고 해도 인생을 많이 산 사람들의 조언을 중요하게 생각해야 한다. 실천적 지혜는 탐구와 경험의 성과이므로 인생의 귀중한 경험을 가진 사람들의 가르침은 필수적이다. 이런 실천적 지혜를 경험 많은 교사에게서 가르침을 받아야 할 것이다(여태전, 2004).

행복해지려면 '지혜'가 있어야 한다. 지혜란 쉬운 말로 배움의 기쁨이라고 할 수 있다. 아이들이 스스로 '배움의 즐거움'을 깨달아 이성의 능력을 기르도록 하려면 '지혜교육'을 받아야 한다. 진정한 지혜는 기쁨과 열정으로 배움에 임하고, 그러한 배움을 통해서 끊임없이 자기발견을 하고, 이성의 능력을 키워나갈 때 얻어진다.

이때부터 비로소 삶도 행복해진다. 집을 짓거나 옷을 만드는 등 생산과 관련된 '기술적 지혜', 인생의 여러 상황에서 판단을 잘하게 하는 '실천적 지혜', 학문이나 이론적 지식과 관련된 '학문적 지혜', 아름다움이나 감성과 관련된 '예술적 지혜' 등 네 가지 종류의 지혜가 있다.[5)]

그런데 우리 사회는 아이들이 스스로 배움의 즐거움을 깨닫기도 전에, 강제로 공부를 하게 하는 풍토가 지배적이다. 배움 그 자체의 즐거움 때문에 공부하는 사람이 드물게 된 이유를 어디에서 찾아야 하는가? 인간의 타고난 호기심과 배움의 즐거움이 교육을 통해 오히려 배움에 대한 염증으로 바뀌고 강요된 것으로만 작용한다면, 분명 오늘날 교육은 행복과는 거리가 멀다. 말하자면 삶을 풍성하게 하는 수많은 배움의 원천들을 공부로 여기지 않는 우리 사회의 지배적인 풍토가 배움을 싫어하는 고질적 습성을 만들었다. 그 결과 교육과 학문이 불일치를 보이고, 배움과 삶이 따로 되어버렸다.

이들 문제를 극복하려면 행복의 역량을 개발해야 한다. 교육은 행복을 가져오도록 해야 한다. 그렇지만 불행에 대처할 수 있는 힘을 길러야 한다. 행복을 교육의 주요 관심사로 삼자는 것은 새로운 일을 하자는 것이

---

5) 간디학교의 지혜교육은 아리스토텔레스의 사상에 기반하고 있다. 지혜를 획득함으로써 더 높은 행복을 얻을 수 있다는 것이다.

아니라, 우리 교육의 비정상성을 인식하고 정상적으로 되돌리는 일이다. 사회적 양심을 지닌 행복한 사람들은 더 행복한 사회를 만드는 일에 헌신하는 용기를 내야 한다. 사회구조가 잘못되어 있을 때 우리는 그것을 바꾸려고 노력해야 한다. 사회구조적 악을 만든 것도 사람이고, 그 구조악을 뛰어넘는 것도 사람이다. 시인 박노해가 말한 대로 사람만이 희망이다. 어려운 여건 속에서도 행복해지려면 현실에 굴복하지 말아야 한다. 주어진 삶의 조건이 지닌 한계와 가능성을 인식하고 그것을 넘어설 수 있는 역량을 길러야 한다. 고지에 올라가지 못한 사람과 올라가본 사람의 차이를 상상해보라.

생각해봅시다.

1. 자신의 불행을 어떻게 극복했는가?
2. 자신의 경험을 통해 행복의 최고 상태를 말해보라.
3. 개인의 행복과 국가의 행복 사이의 조화를 말해보라.

〈행복해지기 위한 방법〉

1. 가족과 친구 그리고 자신에게 시간을 내어 대화를 나누라.
2. 흥미와 취미를 추구하라.
3. 밀접한 대인관계를 맺어라.
4. 새로운 사람들을 만나고, 기존의 틀에서 벗어나라.
5. 좋았던 일을 떠올리며 현재에 몰두하고 과거나 미래에 집착하지 말라.
6. 욕심을 줄여라.
7. 항상 최선을 다하되 가능한 목표를 가져라.
8. 다른 사람과 자신을 비교하지 말라.
9. 다른 사람에게 좋은 일을 하라.
10. 스트레스와 역경을 헤쳐 나갈 수 있는 나름의 방법을 준비하라.
11. 웃고 미소를 지어라.
12. 시간을 잘 관리하라.
13. 운동하고 휴식하라.

[도움 줄 책]

- 리즈 호가드. 이경아 역(2006). 《행복》. 예담.
- 아리스토텔레스. 이창우 외 역(2006). 《니코마코스 윤리학》. 이제이북스.
- 여태전(2004). 《간디학교의 행복 찾기》. 우리교육.
- 필립 반 덴 보슈. 김동윤 역(1999). 《행복에 관한 10가지 철학적 성찰》. 자작나무.

제2장
어떻게 공부할 것인가?

어떻게 공부할 것인가?

교육은 사람을 가르치고 배우는 일이다. 교육활동은 사람에서 시작해 사람으로 끝나는 행위이다. 이렇게 생각해볼 때 교육의 최종 지향점은 '사람됨'에 있다고 말할 수 있을 것이다. 사람이 되는 것이 삶이고 교육이고 인생이다.

> 배움을 얻는다는 것은 다른 사람이 아닌 자기 자신의 인생을 사는 것을 의미한다. 갑자기 더 행복해지거나 부자가 되거나 강해지는 것이 아니라, 세상을 더 깊이 이해하고 자기 자신과 더 평화롭게 지내는 것을 의미한다. 그것을 발견하는 것은 당신만의 여행이다.
>
> (엘리자베스 퀴블러 로스 외(2008). 《인생수업》. p.15)

1. 사람됨

1) '물음'이 있어야 사람이 됨

삶이란 무엇인가? 사람됨이란 무엇인가? 이러한 물음에 대한 명쾌한 답은 없다. 그래서 바쁜 일상사에 이 물음은 가뭇없이 사라지거나 다른 생각이 그 자리를 메운다. 그렇다고 없어진 것은 아니다. 이 비상한 물음은 삶의 어느 순간 나를 진지하게 바라보고 말을 건네 오기도 한다. 이러한 물음에 정직하게 맞서는 사람은 사람다움을 잃지 않으려는 자일 것이다. 왜냐하면 다른 동물은 이러한 물음의 방식을 모르기 때문이다. 사람이기에 사물과 세상 이치에 물음을 던지고 고심함으로써 온전해질 것이다. 우리는 현재 어떤 물음을 던지면서 삶을 살아내고 있는가?

빛나는 서양철학도 물음의 방식으로 시작되었다. 서양철학에서 선구적 물음을 던진 사람은 탈레스(Thales)이고 그는 만물의 근원을 물로 규정하였다. 그가 서양 철학사의 아버지가 된 것은 물이라는 근원을 말했기 때문이 아니라 만물의 근원을 물었던 그 물음에 있었다(이왕주, 2001:24). 다시 말하면 그의 위대성은 대답에 있는 것이 아니라 물음의 방식에 있었다. 그런데 이 물음은 자기 동네의 하늘을 보고 길을 걷는 일상적인 삶에서 출발한 것이지 어느 날 하늘의 계시가 아니었다.

즉 우리의 소소한 일상적 모습에서 물음을 던지는 작은 몸짓이었다. 위대한 진리조차도 이 거리의 어느 곳을 토대로 만들어질 수 있다는 말이다. 이것은 지하철 안에서, 등굣길에서, 친구와 이야기하는 사이에 드러나는 내밀한 물음일 것이다. 친구의 다채로운 목소리들은 삶의 빛깔을 보여주고 말해주며 삶의 물음을 제기한다. 이곳은 나의 몸이 부대끼는 생활세계이다. 후설(E. Husserl)에 따르면 이 생활세계(life-world)는 추상화된 이념이나 이론의 옷을 입히지 않은 직접적인 체험의 세계이다(전경갑, 1996:74). 살아 움직이며 생동하는 이 세계는 원초적인 명증의 영역이고 자연과학의 궁극적 의미기반인 것이다. 즉 고귀한 규범과 세상 이치는 이 시공간에 주목함으로써 형성된 것이다. 따라서 모든 물음의 출발지는 내가 오고 가는 이 생활세계이고 이곳이 원리가 만들어지고 진리가 태동하는 마당이라고 할 수 있다.

그러고 보면 인류의 스승들은 일상의 물음에 충실하고 집요하게 산 삶이라고 말할 수 있다. 소크라테스(Socrates)는 자기 마을의 신전에서 가장 현명한 자가 누구이냐고 물었다. 그의 제자 플라톤(Platon)은 스승이 말한 절대적 진리를 저잣거리에서 묻고 찾아다녔다. 이 절대적 진리는 다름 아닌 일상생활에 주목하고 고민한 결과였다. 그래서 그가 말한 절대적 진리는 이데아(Idea)였다. 이는 일상의 거리에서 제대로 '본다'는 말에서 연유된 것이다. 즉 내 삶을 돌아보고 묻는 행위가 진리로 가는 첩경이라는 소박한 진리를 보여주는 것이다.

우리의 작은 물음이야말로 유구한 철학사의 지평까지도 열 수 있다. 예컨대 공자도 묻는 행위가 사람이 되는 근본태도임을 보여준다.

그의 제자가 물었다.
"선생님! 예(禮)란 무엇입니까?"
공자가 말했다.
"예란 묻는 것이다."

그 상황적 맥락을 떠나 물음의 방식은 사람이 되기 위한 근원적 행위라고 볼 수 있다. 묻기를 주저하지 않았던 인생의 모든 스승들의 물음을 통하여 인류의 지성사는 도도한 맥락을 이어갈 수 있었고 사람의 역사는 만들어졌다. 인류사는 물음의 물음이 꼬리를 문 물음의 역사라고 해도 과히 억지는 아닌 듯하다.

결국 물음의 방식은 사람임을 명증하고 사람의 본래 가치가 제자리를 찾는 일이고 사람이 되어가는 방식이다. 우리가 사람이 되기 위해서는 물음을 포기하지 말아야 할 것이다. 인생의 길은 우리가 서로 묻고 대답하고 듣고 말하는 물음으로 이어지는 것이다. 특히 우리 젊은이들은 묻기를 좋아하고 알기를 좋아하고 그 배움의 즐거움을 찾아야 할 것이다.

> 모르는 것이 있다면 길 가는 사람을 붙들고라도 물어야 한다. 어린 종이라도 나보다 한 자를 더 안다면 그에게 배울 것이다. …… 공자는 말하기를 자기가 어려서 미천했기 때문에 상일에 아주 익숙하였다고 했으니, 그 역시 밭 갈고 씨를 뿌리며 그릇 굽고 물고기 잡는 따위의 일일 것이다. 비록 순임금이나 공자와 같이 거룩하고 재주 많은 분도 물건을 보고서 기교를 생각해내며 일에 당해서 기구를 만들자면 시일도 부족하고 지혜도 모자랐을 것이다. 그렇게 때문에 순임금과 공자가 성인이 된 것도 남에게 묻기를 좋아해서 배우기를 잘한 데 지나지 않는다. (박지원. 《북학의》)

2) '생각' 하기에 사람이 됨

물음을 던지기 위해서는 회의(懷疑)해야 한다. 회의한다는 것은 자신의 본능적이고 조건반사적 길들이기를 돌아보는 것이다. 곧 타성적 행동에 대한 회의이다. 이것은 동물적 행동에 대한 반역이다(이왕주, 2001:15~16).

우리는 편견의 동굴, 억압의 동굴, 무지의 동굴에 갇혀 있지는 않은지 생각해볼 일이다. 우리는 삶의 곳곳을 성찰하고 비판하고 평가해볼 수 있어야 한다. 위대한 인류의 성취도 삶의 이치를 따져보고 돌아보고 가름해 봄으로써 가능하였다. 이는 온전한 사람이 되기 위해서는 삶의 이치를 분별하고 생각하는 존재가 되어야 한다는 것이다.

그런데 우리 사람에게 바른 삶의 원리를 분별할 수 있는 능력이 과연 존재하는지 의문이 생긴다. 소크라테스는 사람의 선험적 진리능력을 확신하고 이 진리능력을 증명하고자 하였다. 즉 그는 무지한 노예 소년과 대화를 하고 이 과정에서 사람이 어떻게 선험적 진리를 상기시킬 수 있는지를 보여준다(박종현, 1993:127~129). 그리고 사람이 보편적 삶의 원리를 찾기 위해 말하고 대화하는 존재임을 환기시킨다. 즉 생각하고 이치를 따져보고 찾아보지 않으면 사람이라고 말하기 어려운 것이다.

요컨대 사람의 이성적 능력은 동물과의 본질적 차별성으로 파악할 수 있다. 사람은 그의 정신적 능력, 즉 이성을 통해 온전한 인간이 될 수 있다. 생각할 수 있는 능력은 사람살이의 근원적인 힘이자 사람의 고유한 특성일 것이다. 사람들은 이성의 소리에 귀 기울이고 이성을 신뢰함으로써 사람의 이치를 바르게 세우고 윤리적 공동체를 이룰 수 있었다. 이 사유 능력으로 사람은 그저 생물학적 활동 속에서 생명을 단순하게 이어가는 방식을 벗어나 독특한 존재방식을 갖는 유일한 존재가 된다. 이 존재방식은 사물과 현상을 분류하고 이름 짓고 의미를 부여하는 것이다. 즉 사람만이 시공간의 복잡한 이치와 원리를 느끼고 깨닫고 결정하는 주체성을 지닌 존재이다.

일찍이 소크라테스는 "음미되지(examined) 않는 삶은 살아갈 가치가 없다"고 갈파하였다. 즉 여기서 '사는 것'은 우리 일상의 모든 삶의 주름과 굴곡들을 깨어 있는 정신으로 '음미'하고 느끼는 것이다(이왕주, 2001: 155~156). 즉 이것은 한 줄기 햇살, 바람, 한 잔의 커피 향기도 소중히 받아들인다고 볼 수 있다. 즉 꽃이 피고 지는 뜰 앞에서 우리의 오감은 반응하고 그 느낌과 의미를 충만하게 생각할 줄 아는 자가 되어야 한다는 인간적 의무를 말하는 것이다.

이러한 의미에서 보면, 한 잔의 차에도 인생의 오묘한 의미가 스며 있을 수 있다는 사실을 증거할 수 있을 것이다.

벽암록에 의하면 선종(禪宗)의 대가 남천 조주스님의 일화가 전해진다.

먼 길을 걸어온 스님이 조주에게 절을 한다.

"선생님 큰 가르침을 청합니다."

온화한 미소를 지으며 조주는 말한다.

"그래 밥은 먹었나."

"네."

"그럼 차 한 잔 하겠나."

역시 수만 리 길을 떠나온 스님이 조주에게 머리를 조아리며 간청한다.

"스님, 큰 가르침을 청하옵니다."

"차 한 잔 하겠나."

"차 한 잔 하겠나" 이 일상의 말 한마디가 사람살이의 온전한 이치를 깨닫게 해준다. 즉 삶의 진리는 그리 큰 것이 아니라 오히려 소박한 일상성에 있다는 말이다. 다시 말하면 친구와 함께 걷고 대화하고 차를 나누어 마시는 행위 그 자체가 무엇보다 절실하고 소중한 가치라는 가르침을 말하는 것이다. 이것이 '평상심(平常心)' 이다.

나의 경우, 이 깨달음을 병상에 누워 있을 때 비로소 알게 되었다. 싱싱한 몸으로 이곳저곳을 다닐 때는 들가의 한가로운 꽃들은 그다지 큰 의미가 없었다. 다만 하나의 자연스러운 현상의 일부에 지나지 않았다. 그러나 아픈 몸으로 누워 있을 때, 비로소 바람에 일렁이던 꽃들의 속삭임과 그 모습의 의미를 알았다. 그 꽃들 사이로 걷는 나는 바람과 햇살이 빚어내는 대지의 은혜 혹은 우주의 비밀 한가운데 있었던 것이다. 마치 영화의 한 장면처럼. 병상에서 떠오르던 꽃들의 흔들림은 내가 얼마나 아름다운 세상에 살고 있는지를 깨닫게 하였다. 이렇듯 우리는 몸의 아픔을 통해 이전에 소홀히 여기던 것들이 얼마나 소중한 삶이었는가를 깨닫는다.

여기서 눈여겨 볼 것은 내가 건강할 때, 주변의 일상이 너무나 순조롭게 돌아갈 때는 깨달음이 없다는 사실이다. 즉 나의 주변 상황이 이전과 다르게 낯설게 다가올 때, 하이데거의 용어를 빌려 말하자면 "손 안에 있는 존재자를 '배려함' 에서 사용 불가능하게 되었을 때" 비로소 깨닫게 된다. 가령 어제까지 잘 켜지던 컴퓨터가 오늘 부팅이 되지 않을 때, 비로소 컴퓨터를 생각하게 된다는 것이다. 다시 말하면 컴퓨터가 사용 불가능하게 되었을 때에야 마음의 지향성이 움직이기 시작한다는 것이다.

매사가 자신의 뜻대로 순조롭게 이루어지면 마음의 지향성은 움직이지 않고 더 이상 고민하고 사유하지 않는다. 낯설고 이질적인 상황에 직면하고서야 새삼스럽게 바라보고 느끼고 사유하게 된다. 어쩌면 우리는 고통을 통하여 반성하고 후회하고 자신의 어리석음을 깨닫는 존재일지 모른다.

요컨대 자신의 삶을 시시각각으로 민감하게 반응함으로써 사유의 능력이 얻어진다는 것이다. 소소한 일상의 친숙한 관계들이 와해되었을 때, 친숙한 나의 세계가 낯설게 되었을 때 우리는 그 세계를 의식적으로 지향한다.

그래서 데카르트(R. Descartes)는 암스테르담의 낯선 세계를 통하여 자신의 익숙한 세계가 와해됨으로써 새로운 통찰력을 지닐 수 있었다. 즉 파리의 친숙한 세계에서 통용되던 삶의 방식들이 암스테르담에서는 와해되는 낯선 경험이었다. 여기서 그는 모든 것을 의심하고 물어보고 확인하는 철학적 태도를 지니게 되었다. 그래서 모든 것을 의심하고 마침내 꿈까지도 의심하였다. 그는 의심을 철저하고 집요하게 밀고나간 끝에 마침내 자명한 원리를 찾았다. 이것은 바로 이성에 대한 신뢰이었고 근대의 시대를 설명하는 움직일 수 없는 잣대이고 확고한 기준을 제시하게 되었다. 그래서 이성은 삶의 원리와 사람됨의 본질을 규명할 수 있는 불변의 진리로 작용하게 되었다. 이 고정불변의 잣대는 사람살이의 복잡한 이치를 가르고 세우고 만들 수 있는 토대가 되었다. 파스칼(B. Pascal) 또한 인간의 사고능력을 경이롭게 표현하고 있다. "공간 속에서 나를 그저 한 개의 점으로 삼키면 나는 생각 속에서 우주를 점처럼 삼킬 수 있다"는 것이다. 인간은 왜소하나 그의 생각은 온 우주의 침묵을 삼킬 수도 있는 것이다. 사람의 사유공간은 그 무한성을 보여주고 있는 것이다.

사실 서양 철학사는 플라톤에서 데카르트까지 이성의 탁월성에 주목한 역사라고 말할 수 있다. 그만큼 사람의 생각하는 능력은 사람됨과 밀접한 관련성을 발견할 수 있다. 결국 사람은 생각함으로써 사람다운 사람이 될 수 있다.

여기서 사유하지 않는 삶 혹은 생각하지 않는 삶이 초래한 역사적 사례를 읽어보자.

> 아이히만은 이아고도 맥베스도 아니었고, 또한 리처드 3세처럼 '악인임을 입증하기로' 결심하는 것은 그의 마음과는 전혀 동떨어져 있는 일이었다. 자신의 개인적인 발전을 도모하는 데 각별히 근면한 것을 제외하고는 그는 어떤 동기도 갖고 있지 않았다. 그리고 이런 근면성 자체는 결코 범죄적인 것이 아니다. 그는 상관을 죽여 그의 자리를 차지하려고 살인을 범하지는 않았을 것이다. 이 문제를 흔히 하는 말로 하면 그는 단지 자기가 무엇을 하고 있는지 결코 깨닫지 못한 것이다. …… 그는 어리석지 않았다. 그로 하여금 그 시대의 엄청난 범죄자들 가운데 한 사람이 되게 한 것은 철저한 무사유(sheer thoughtlessness)였다. …… 이처럼 현실로부터 멀리 떨어져 있다는 것과 이러한 무사유가 인간 속에 아마도 존재하는 모든 악을 합친 것보다 더 많은 대파멸을 가져올 수 있는 것, 이것이 사실상 예루살렘에서 배울 수 있는 교훈이었다. (강신주(2010). 《철학적 시 읽기의 즐거움》. p.74)

이 글은 강신주의 《철학적 시 읽기의 즐거움》에 소개된 것이다. 아렌트(H. Arendt)는 이웃집 아저씨처럼 너무나 평범했던 아이히만이 유태인 수백만 명의 비참과 고통에 직접적으로 개입한 것은 단지 그의 무사유가 범죄의 원인이라고 판단하였다. 아이히만은 자신에게 맡겨진 일에 최선을 다하는 성실성과 근면함을 지니고 있었다. 따라서 유태인 학살의 명령을 받았을 때, 아이히만은 그 명령의 내용과 상관없이 최선을 다하여 명령을 수행하였다. 자신에게 맡겨진 일이 유태인에게 얼마나 절박하고 가혹한 것인지 그 의미를 전혀 생각하지도 반성하지도 않았던 것이다. 그의 무사유는 수많은 사람의 고통과 목숨을 외면하는 결과를 초래한 것이다.

요컨대 사람다운 사람이 되기 위한 절대조건은 생각하는 능력이다. 다시 말하면, 사람 내면의 이성, 의식, 정신 등의 진정성을 회복할 때 사람다움을 유지하고 온전한 사람이 될 수 있다. 사람은 사유능력을 통해 동물과 획기적인 차별성을 확보할 수 있고 비로소 사람다운 사람이 될 수 있는 근거를 마련하게 된다. 온전한 이성능력이 발현될 때 우리 삶 도처에 산재한 억압, 편견, 무지의 고리를 끊고 사람다운 사람들이 사는 세상이 될 수 있고 사람다운 위상은 제자리를 찾을 것이다.

3) '선택' 하기에 사람이 됨

사람은 시시각각으로 삶의 문제를 선택하고 결정해야 한다. 문제를 직면하고 응시하고 고민하고 결단해야만 한다. 이 선택은 궁극적으로 자신의 온전한 몫이다. 누가 무슨 말을 해도 결국 최종 결정은 자신이 할 수 밖에 없다는 것이 명백하다. 이 부단한 삶의 선택을 어떻게 하느냐에 따라 사람됨의 무늬가 만들어지고 속사람이 형성된다. 이러한 측면에서 볼 때 사람은 본래적으로 결정되고 확정적 존재가 아닌 그의 삶을 통해 어떤 사람이 되어간다. 이러한 의미에서 선택의 사태는 나의 이력과 고유한 주름이 만들어지는 가능성의 시공간이 된다. 나는 선택의 기로에서 어떤 길을 걸어갈 것인지를 고민해야 한다.

사람은 언제나 어떤 사태의 중간에 자리하고 있으며 그 진행 중인 사태에 자리 잡고 있음을 알 수 있다. 그 태생 자체가 우연적인 것이고 어떤 상황 속에 놓여 있다는 것이다. 하이데거(M. Heidegger)의 용어를 차용하면 인간은 세상에 '던져진 존재' 이며 이미 어떤 상황에 처해 있는 존재라고 볼 수 있다. 여기에서 현존재는 종이나 돌멩이 같은 사물 존재처럼 어떤 특정한 여건에 '내던져져 있다' 는 것이다. 우리 모두는 누구의 아들이자 자손으로 태어났고 이러한 상황은 우리 모두가 역사적이고 사회적인 상황과 그 맥락에 내던져진 존재이라는 사실을 보여준다.

그러나 이러한 사실성에도 불구하고 인간은 자유와 선택의 조건이 있다는 것이다. 하이데거는 이러한 존재론적 상황을 '현존재의 실존성' 이라고 말한다. 이 의미는 우리 각자가 처해진 상황을 인식할 수 있고 자신의 고유성을 자각할 수 있는 존재라는 사실을 지적한다. 여기에서 사람은 사물과 달리 독자적인 삶을 선택하고 변화 가능한 존재라는 의미를 부각시킨다. 즉 사람은 변화 가능성의 존재다. 다시 말하면 현존재의 실존성은 사물과는 달리 변화 가능성을 지니고 있고 이 탁월한 사람의 존재조건은 사람다운 사람이 될 수 있는 근거로써 확보된다. 단정하여 말하자면 사람은 자신의 삶을 선택하고 결단할 수 있는 존재이다.

사르트르(J. P. Sartre)에 의하면 인간은 자유를 선고받은 자이다. 일상적인 문제 앞에서 우리는 어떤 의미에서 끊임없이 선택을 강요당하고 있다고 말할 수 있다. 말하자면 출근을 위한 옷차림의 사소한 선택에서부터 절박한 선택에 이르기까지 우리 삶은 문제의 연속이고 선택의 연속이다. 그 절박함과 비중은 다를지라도 우리는 늘 선택의 기로에 서 있다. 그렇다면 사람은 어떤 선택을 할 것인가의 실존적 사태에 직면해 있는 것이다.

나비 문신을 한 빠삐용은 절해고도의 섬에서 자유를 위한 몸부림을 멈추지 않았다. 용감한 에밀 졸라(Emile Zola)의 펜은 무고한 시민의 생명을 구하였다.[1] 그는 정직하고 우직한 펜의 선택을 고집하였고 마침내 인간의 고결한 역사를 만들어낸 것이다. 그러나 이 한순간의 선택은 결코 쉽지 않는 사람됨의 결단이고 용기이다. 즉 사람다운 사람이 되고자 하는 자만이 가질 수 있는 선택이었다.

이 결단의 힘은 세상의 조류에 휘청거리지 않고 자신의 지고한 삶을 지향하려는 의지에서 길러지고 만들어진다. 이 정신적 고결함은 삶의 무게를 담담하게 감당하고 그 고독과 긴장을 버티는 일에서 그 결기가 생겨난다. 아침나절부터 저녁 무렵 어두운 골목길로 들어서는 그때까지 나는 어떤

---

1) 드레퓌스 사건이란 알프레드 드레퓌스(Alfred Dreyfus, 1859~1935)라는 유태계 프랑스 육군 포병이 반역죄로 몰려 종신형을 선고받고 남미 기아나에 있는 '악마의 섬'에 유배된 사건이다. 범인은 다른 사람으로 밝혀졌지만 당시 프랑스에 팽배했던 반유대주의로 인해 그는 억울한 누명을 벗지 못했다. 당시 에밀 졸라를 비롯한 프랑스 지성인들이 그의 무죄 방면을 위해 글을 쓰고 노력하였다. 프랑스는 진보 세력과 국가주의를 앞세운 왕당파, 카톨릭, 보수 언론으로 구성된 보수 세력 간의 격한 대립으로 큰 혼란에 처했다. 드레퓌스는 사건이 발생한 지 12년 만에 최고재판소의 판결로 무죄를 선고받는다.

선택 앞에서 어떻게 결정했는지 돌아보자. 나의 선택이 얼마나 눈치에, 체면에, 위선에 휘둘리고 있는가를 돌아볼 일이다.

우리는 다른 사람의 시선이 두려워 자신의 소신대로 행동하지 못하는 경우가 흔하다. 어쩌면 관습과 문화, 믿음체계, 배경지식, 성장배경 등의 영향에 따라 습관적으로 움직이고 판단하고 있을 것이다. 따라서 고귀한 선택은 힘들고 드물다. 그래서 위대한 정신과 대면하고 배우고 익히고 노력해야 할 것이다.

역사의 이정표가 된 사람들이 가슴 아픈 선택을 한 경우를 떠올려 보자. 또한 어릴 때 읽었던 위인전을 비롯하여 온갖 미디어 매체에 등장하는 인물들을 상기해보도록 하자. 사람의 귀천에 상관없이 모든 사람들은 어김없이 위기의 선택과 절망적 상황에 직면하게 된다는 평범한 사실을 확인할 수 있다. 하지만 위인들과 현명한 사람들은 힘든 선택 후의 상황을 받아들이는 태도가 확연히 다르다는 점에 주목해야 한다. 즉 자신의 상처가 될 수 있는 선택의 경험을 오히려 담담히 받아들이고 삶의 성숙을 위한 기회로 승화시킨 경우를 확인할 수 있다. 즉 선택으로 인한 삶이 고통스러울지라도 원망하기보다는 긍정적으로 받아들이고 극복하고자 한다는 점이다. 이러한 태도가 인생을 결정한다. 빅터 프랭클(Viktor E. Frankl)의 《죽음의 수용소에서》를 보면 살아남은 대다수 사람들은 절망적 상황에서 좌절하지 않고 자신의 삶에 의미를 부여한 사람들이다. 희망은 깊은 산속에서 길을 잃었을 때 저 멀리 희미하게 보이는 등불과 같다. 자신의 선택 후 펼쳐진 상황에 어떤 태도를 지녀야 할 것인지를 헤아려볼 일이다. 인류의 위대한 스승들은 고통의 선택 속에서도 넉넉한 마음으로 그 절박한 상황을 헤쳐나간 사람들이다. 내 앞에 어려운 선택으로 인한 고난이 펼쳐질지라도 성숙한 삶의 지평으로 나가려는 결단과 승화의 노력이 필요할 것이다. 역사의 여정을 보면 나처럼 평범한 사람도 위대한 이정표가 될 수 있음을 확인할 수 있다.

그러나 선택의 삶은 현존재가 정직하게 삶의 무게를 견디고 절대고독의 시간 속에서 길러지고 만들어진다. 우리가 어떤 사람이 되는가는 어떤 선택을 하는가에 달려 있을 것이다. 나의 앞은 나의 계획을 쏟아부을 수 있는 가능성의 세계다. 이 세계는 나와의 직접적 관계 속에 놓여 있고 여기에는 나의 자유와 선택이 남아 있다. 그 선택은 내가 어떤 사람이기를 원하고 어떤 삶을 살 것인가를 결단하는 일이다.

꿈꾸지 않으면 사는 게 아니라고
별 헤는 맘으로 없는 길 가려 하네
사랑하지 않으면 사는 게 아니라고
설레는 마음으로 낯선 길 가려 하네
아름다운 꿈꾸며 사랑하는 우리
아무도 가지 않는 길 가는 우리들
누구도 꿈꾸지 못한
우리들의 세상 만들어가네
배운다는 건 꿈을 꾸는 것
가르친다는 건 희망을 노래하는 것
우리 알고 있네 우리 알고 있네
배운다는 건 가르친다는 건
희망을 노래하는 것

(양희규(2005). 《꿈꾸는 간디학교 아이들》. p.269)

4) '만남'이 있기에 사람이 됨

사람됨은 만남에서 시작된다. 나는 태어나는 순간 누구의 아들이고, 딸이고, 조카이고, 손자이다. 이 만남은 운명적이다. 사람이라면 이 절대적 필연성에서 비켜 서 있는 자는 없을 것이다. 우리들 중 어느 누가 어머니의 존재를 외면하고 사람됨을 말할 수 있겠는가.

지금도 어렸을 때의 어머니의 음성이 들려온다. 어머니는 겨울밤이면 고구마나 감, 하다못해 동치미라도 먹을거리로 내놓으시고, 나직한 목소리로 아벨과 카인의 이야기를, 도적질을 하다 벌을 받은 그녀의 친지 중 한 사람 이야기를 내가 잠들 때까지 계속하신다. 그때에 느낀 공포와 아픔을 나는 생생히 기억한다. 그러나 그 아픔이나 고통 밑에 있는 어머니의 나직한 목소리가 주는 쾌감을 내가 얼마나 즐겨했던가! 그 목소리가 불러일으키는 상상은 얼마나 놀랍고 즐거웠던가! 그 즐거움 안쪽에서 우리는 해서는 안 될 일에 대한 공포감을 느끼며 우리가 해야 할 일에 대한 의무감을 느낀다. 그것은 의무이되 억압이 아니다. 쾌락이 일깨우는 원초적인 반성이자 깨달음이다

(김현(1995). 《한국문학의 위상》. pp.28~29)

이처럼 사람의 원초적 관계성은 사람됨의 필연적 과정이다. 사람살이의 굽이굽이마다 사람과 사귀고 대화하고 배우면서 그 사람의 이력은 터 닦게 될 것이다. 우리들의 지난 시절에도 알게 모르게 스침과 만남의 인연들이 있었을 것이다. 그 인연의 다채로운 만남으로 말미암아 우리들의 삶은 풍성하고 성숙해질 수 있었을 것이다. 사실 사람은 어떠한 사람을 만나느냐에 따라 사람됨이 달라질 수 있기 때문이다. 그래서 우리 조상들은 자녀가 훌륭한 스승을 만날 수 있도록 간절히 기도하였다고 한다.

마르틴 부버(Martin Buber)는 만남을 나누어 말한다. 하나는 '나와 너'의 만남이고 다른 하나는 '나와 그것'의 만남이다. 진정한 만남은 나와 너의 만남이고 이 만남이야말로 서로의 관계성을 새로운 세계로 인도한다는 것이다. 이 경이로운 체험은 상호 관계성에서 나타나는 존재방식이다. 일찍이 석가모니와 가섭, 예수와 사도바울, 공자와 그의 제자들의 만남은 이 경이로운 지평을 열었다. 이 만남이야말로 사람의 심정을 흔들고 삶의 의지적 결단을 가능케 하였다.

이렇게 위대한 만남은 아닐지라도, '나와 너'의 만남은 삶의 도처에 펼쳐져 있다. 사람의 역사는 만남의 이야기로 점철되어 있다. 그 만장한 이야기들은 사람됨의 낯선 길을 환하게 보여준다. 사람의 역사는 만남에서

시작되고 만남에서 사람이 되어간다. 결국 사람됨은 끝없는 만남에서 이루어지고 이어지는 사람살이이다. 우리는 어떤 만남을 기대하고 있는가? 이 순간에도 나와 너의 만남이 충만하기를.

한편 나의 유한성이 지닌 근본적 한계는 상대적 타자에 의해 보완된다. 이 극명한 모습을 떠올릴 때, 거리를 지나는 낯선 사람들에게 더욱 애정을 가지게 될 것이다.

> 대상에서 내가 보지 못하는 부분, 그 부분을 동시에 나는 타자가 볼 수 있는 부분으로 정립한다. 내가 대상의 숨겨진 쪽을 보기 위해 돌아가면, 나는 대상 뒤에서 타자를 만나게 되고 타자의 봄과 나의 봄이 합쳐질 때 대상의 총체적 봄이 달성될 것이다. 그리고 내가 볼 수 없는 내 등 뒤의 대상들은 타자가 그것들을 볼 수 있음으로 해서 하나의 세계가 형성하며, 나는 그것들을 감지할 수 있다.…… 결론적으로 타자는 세계 안에서의 여백들과 전이(轉移)를 확보해준다.
>
> (강신주(2010). 《철학 vs 철학》. p.157)

2. 공부

우리는 의식적이든 무의식적이든, 삶을 배우고 삶에 대해 고민하고 그 의미를 생각하기 마련이다. 이 순간도 공부를 위해 앉아 있으니 말이다. 흔히 공부를 말하면 입시를 떠올리기 쉽지만 삶의 모든 순간이 공부임을 상기해야 할 것이다. 책을 읽고 글을 쓰고 선생님께 배우는 것만이 공부는 아닐 것이다. 세상에 태어나서 말하고 걷고 소리를 구별하는 모든 것이 공부이다. 따라서 어린아이가 걷기 위해서 애쓰고 노력하고 집중하는 과정도 공부의 지난한 과정이다. 이러한 의미에서 공부(工夫, 功夫)는 '힘쓰다, 애쓰다, 노력하다'라는 뜻이다.

자기 자신의 인생을 살기 위해서는 어떠한 공부가 필요할까? 우리는 대학을 위해 긴 터널을 지나왔다. 그런데 왠지 허전하다. 그토록 많이 외우고 줄치고 선택한 문자들이 나의 삶에 비켜 서 있는 느낌이 들기 때문이다. 마치 죽은 문자들을 흔들고 만지다 지쳐버린 듯하다. 아마도 이것은 나의 삶과 연관되는 방식으로 공부하지 못한 탓이리라 자문해본다. 에리히 프롬(E. Fromm)에 의하면 수업에 열중하는 태도를 두 가지 양식으로 구분할 수 있다. 하나는 소유양식의 삶이고 다른 하나는 존재양식의 삶이다.

> 소유양식의 삶을 사는 학생들은 수업 중에 선생이 하는 말을 잘 듣고 이해해서 가능한 한 한 자도 빼지 않고 꼼꼼히 필기해두는 타입이다. …… 그러나 강의의 내용이 그들의 삶을 살찌우지는 못한다. …… 존재양식으로 세상을 살아가는 학생들에게 배움의 과정은 전혀 다른 뜻을 가진다. …… 그들은 관심을 가지고 강의를 들으며, 그 강의에 적극적으로 응답해서 자신의 삶을 살아가는 것이다. 존재양식의 삶을 사는 학생들은 강의를 통해서 영향을 받고 자신의 삶이 바뀌는 것이다. 따라서 강의를 들은 후의 학생은 이미 강의를 듣기 전의 학생이 아니다.
>
> (에리히 프롬. 차경아 역(1998). 《소유냐 존재냐》. pp.48~49)

존재양식의 공부는 강의 내용을 자신의 삶으로 살아내려고 애쓰는 것이다. 이때 강의는 공허한 말과 창백한 이론이 아니라 삶에 반응하고 생동감을 띠는 의미로 살아난다. 따라서 공부는 강의를 듣고 이론을 베끼고 외우는 기계적 활동이 아니다. 공부는 과거와 현재, 나와 너, 문자의 지평과 나의 지평이 만나고 대화하는 생산적 활동이다. 결국 공부는 나의 삶을 주체적으로 선택하고 결단하게 만들고 다른 사람이 아닌 자기 자신의 인생을 살아내려는 길이라고 말할 수 있다.

이러한 의미에서 인문학은 '리버럴 아트(liberal arts)' 또는 더 휴머니티즈(the humanities)로 말할 수 있다. 여기서 리버럴 아트의 반대말을 세르빌 아트(servile arts)로 파악하면 금방 그 의미가 선명해진다. 즉 세르빌 아트는 종(從)의 기술이고 리버럴 아트는 자유의 기술이 된다. 따라서 종의 기술은 유용성을 위한 도구적 기술이고 사람됨과는 무관하다. 반면 자유의 기술은 그 자체가 목적이고 본래적 가치를 지니고 사람을 사람답게, 자유롭게 만드는 기술이다. 휴머니티즈 역시 인간에 대한 공부로서 본래 사람의 길을 묻고 찾는다는 의미이다. 결국 '나 자신이 누구인가'를 묻는 것을 배움의 시초로 삼는 것이다.

동양에서도 가장 본질적인 공부는 위기지학(爲己之學)이다. 곧 자기를 세우는 공부이다. 이와는 달리 남에게 보이기 위한 공부인 위인지학(爲人之學)은 입시나 취업을 위한 공부라고 할 수 있다. 여기서 공부의 본질은 위기지학이다.

1) 참된 나를 찾아가는 공부

가장 절실한 공부는 무엇인가. 인생의 스승들은 이 물음에 대한 가르침을 줄 것이다. 먼저 그들은 자기 자신에 대한 공부를 말한다. 즉 자신을 아는 일이다. 저 유구한 유학과 불교의 공부는 자신의 참모습을 찾아가는 공부라고 감히 단언할 수 있다.

소크라테스는 자신을 돌아보고 대화하기를 멈추지 않고 보편적 진리를 발견하고자 그 물음을 계속하였다. 한마디로 말한다면 그것은 참된 나를 찾아가는 과정이었다. 그 후 신탁의 말씀은 그가 가장 현명하다는 것이었다. 이는 곧 소크라테스가 자기 자신을 잘 아는 자라는 사실에 근거한 것이었다. 즉 그는 자신이 무엇을 알고 모르는지를 말할 수 있는 자이고 대화로써 철학을 하고 끊임없이 물음을 던지는 자였다. 이 사색의 힘은 자신을 알고 이를 토대로 삶의 성숙한 지평을 열 수 있었다. 만일 우리가 자신을 제대로 안다면, 당당한 삶의 선택이 가능할 것이다. 왜냐하면 내가 무엇을 잘할 수 있고 왜 그렇게 행동해야 하는지를 확실히 알기 때문이다. 이처럼 확실하게 자신을 안다면 우리는 인생을 보다 현명하고 아름답게 살 수 있을 것이다.

2) 깨달음을 위한 공부

세상 모든 일이 마음먹기에 달렸다는 말을 한다. 즉 마음가짐에 따라 사람살이는 달라진다는 것이다. 그러고 보면 우리의 희노애락이 내 마음에 따라 움직이는 듯하다. 쓸쓸한 이별 후에 듣게 되는 가요는 마치 나를 위해 만든 노래인 것 같다. 내 마음에 따라 노래도 들리는 것이다. 그래서 일찍이 왕양명은 모든 세상 이치는 마음에 있다고 말한다(心卽理). 마음이야말로 천리(天理)이다. 말하자면 하늘의 이치는 마음에 있는 것이고 이 마음을 잘 살피고 돌아보면 세상 이치는 알게 된다는 통찰이다.

그런데 이 마음의 공부는 만만치 않다는 것을 경험으로 알 수 있을 것이다. 즉 마음은 손바닥 뒤집히듯 쉽게 바뀌기 때문이다. 공부를 결심한 지 채 5분이 지나기도 전에 친구의 속삭임에 끌려 나간다. 공부는 안중에서 금시 사라진다. 이러한 일은 일상사에 비일비재하다. 음식점에서 짜장면의 선택이 순식간에 짬뽕으로 변한다. 이 종잡을 수 없는 우리의 마음과 뜻을 노자는 다음과 같이 말한다.

그러하므로 성인의 다스림은	是以聖人之治, (시이성인지치)
그 마음을 비워 그 배를 채우게 하고,	虛其心, 實其腹 (허기심, 실기복)
그 뜻을 부드럽게 하여 그 뼈를 강하게 한다	弱其志, 强其骨. (약기지, 강기골)

(김용옥(2001). 《노자와 21세기 1》. pp.155~156)

여기서 심(心)이란 인간의 타율적 신경계의 모든 복잡한 이론으로 말할 수 있다. 복(腹)은 인간의 자율신경계의 상징이고 이 자율신경계의 특징은 '스스로 그러함' 이다. 그것은 '자연' 이다. 이것이 곧 무위를 말하는 것이다. (김용옥. 2001: 155)

여기서 노자는 뜻의 간사함을 탁월하게 지적한다. 즉 우리들이 무엇인가를 계획하고 뜻을 두고 있으나 그 뜻은 변덕이 심하고 언제 바뀔지 모른다는 의미이다. 이러한 뜻의 간사함에 비해, 뼈는 우리의 사유로 좌지우지할 수 없는 일이다. 뼈는 나의 몸을 지탱하는 근본적인 것이면서도 말이 없고, 생각이 없다는 것이다. 즉 나의 욕망에 따라 뼈가 움직이지 않는다. 이에 비해 우리는 욕망의 지향에 따라 뜻을 세우기도 하고 바꾸기도 하고 그야말로 마음에 따라 움직인다. 노자는 우리 뜻의 약함을 말하고 그 뼈를 강하게 하라고 당부한다. 즉 몸을 통한 좋은 습관을 말하고 바른 자세의 소중함을 말하는 통찰을 보여준다.

그런데 대조적 차이를 보이는 깨달음을 찾아볼 수 있다.

우리는 '마음' 에 관한 원효스님의 일화를 기억하고 있다. 이 원효스님의 깨달음은 왜 이다지도 귀에 쟁쟁한 것인가. 아마도 우리 자신들이 살아오면서 마음의 소중함을 절실히 느꼈기 때문일 것이다. 실로 마음가짐에 따라 모든 사태는 다르게 보이고 해석되고 변화될 수 있다. 즉 마음공부는 사람을 변화시키는 힘을 지니고 있는 것이다. 따라서 사람이 마음으로 세상을 보고 듣는다는 말은 과장된 이야기가 아닐 것이다.

다음의 사례들은 세상 사람들의 마음을 움직인 사람들의 소식이다.

일본 동경에는 MK 택시가 있다. 비오는 날에 이 택시를 타면 우산 걱정을 할 필요가 없다. 고객을 위해 늘 우산을 준비해놓고 있기 때문이다. 만일 고객이 어두운 골목길에서 내리면 그 사람이 대문에 들어갈 때까지 차의 불빛을 집 방향으로 비추어주고, 고객이 집으로 들어간 후에야 비로소 출발한다. 이러한 따뜻한 배려와 마음가짐은 사람들에게 훈훈한 감동을 주어 그 결과 사업이 잘된다는 것이다.

이러한 사례는 국가경영에도 적용될 수 있다. 중국 공산화 과정의 이야기 역시 우리들에게 마음가짐의 소중함을 전해준다. 즉 공산군은 백성들의 마음을 차지하였고 정부군은 땅을 차지하였다는 일화이다. 공산군이 지나간 오이밭에는 아무런 피해가 없으나 정부군이 지나간 자리에는 농민들의 원성이 높았다고 한다. 자연스럽게 공산군은 농민들의 마음을 차지하여 땅보다는 사람들의 마음을 얻은 공산군이 결국 승리하였다는 이야기도 전해진다.

그런데 마음의 공부가 만만치 않다. 이 마음의 힘을 기르기가 결코 녹록지 않기 때문이다. 바른 마음가짐은 나의 자각과 내 몸으로 스스로 익히는 시간의 온축(蘊蓄)을 통하여 가능한 지난한 과정이다.

3) 몸으로 익히는 공부

온전한 공부는 단순히 문자의 학습과정을 통하여 암기하고 습득될 수는 없을 것이다. 사람살이의 원리는 알고 판단하고 그 이치를 깨달았다고 곧바로 행동으로 나타나지 않는다. 즉 사람의 이치를 안다고 해서 감정과 의지가 생각나고 유덕한 사람으로 곧장 변하지 않는다는 말이다.

일찍이 아리스토텔레스는 이러한 점에 주목하고 습관의 필수불가결함을 강조하였다. 한 마리의 제비가 왔다고 봄이 온 것은 아니다. 따라서 사람은 부당한 사태에 부대끼고 좌절하고 용기를 내보고 실행함으로써 용감한 행동을 할 수 있을 것이다. 세상의 그 어떠한 것도 한번에 이루어지지 않는다. 우리는 배우고 익히고 삭히고 묵히는 시간의 온축과 삶의 굴곡 속에서 몸의 습성이 생겨나고 유덕(德)[2)]한 사람이 될 것이다. 이런 과정에서 체득된 몸의 이치는 쉽사리 사라지지 않는다. 한편 몸으로 느끼고 체험하고 해석한 삶의 층위는 정직한 배움을 준다.

노동은 힘들게 살아가는 사람들의 고단함을 깨닫게 하고 아픈 몸은 건강함의 소중함을 일깨운다. 몸이 반응해서 배운 이치는 생생하다. 그래서

---

2) 잠재력이 최대한 실현된 탁월성(arete)을 말한다.

눈물 젖은 빵을 먹어보지 못한 사람은 인생을 모른다고 말하는 것이다. 몸은 삶을 고스란히 느끼고 반응하는 데서 출발하는 공부방식이라고 말할 수 있다.

> 나는 고등학교 시절 잠시 노동일을 한 적이 있었다. 그때 하루 종일 시멘트만 날랐다. 그것은 너무나 지루한 작업이었다. 나는 점심시간에 작업반장에게 말했다.
>
> "저기, 삽질 좀 하고 싶습니다."
>
> 그가 나를 한번 쓱 보더니 말을 툭 건넸다.
>
> "삽질 해봤어?"
>
> 나는 곧바로 대답하지 못했다. 비록 국가기능사 자격증은 있었지만, 정작 삽질을 해본 적은 없었기 때문이었다.
>
> "삽질은 아무나 하는지 알아? 배워야 된다고!"

그렇다. 삽질도 배워야 된다. 세상에 그저 되는 것은 없을 것이다. 체험은 어떠한 것보다 강렬한 공부이고 배움이다. 삶의 현장에서 몸은 성실하고 온전히 현재의 사태를 받아들인다.

그래서 유가(儒家)는 몸가짐을 통한 공부를 그토록 중시한 것이다. 말 한마디, 얼굴 표정 하나, 걸음걸이 하나에 이르기까지 곡진함을 다하는 자세를 강조하는 것은 결코 우연한 일이 아니다. 《중용》에는 작은 몸가짐 하나도 성실하면 모양이 생기고, 모양이 생기면 드러나고, 드러나면 밝아지고, 밝아지면 움직여지고, 움직이면 변한다고 한다.

그다음은 구석구석에 도달하는 것이다. 구석구석에 도달할 수 있다는 것은 능히 정성을 다함이 있다는 것이다.	其次致曲。曲能有誠。 (기차치곡 곡능유성)
정성이 있으면 구체적 형태가 있게 되고, 구체적 형태가 있게 되면 밖으로 드러나게 된다.	誠則形。形則著。 (성즉형 형즉저)
형태가 드러나면 밝게 알게 된다. 밝게 알게 되면 움직이게 된다. 움직이게 되면 변한다. 변하게 되면 이루어지게 된다.	著則明。明則動。動則變。變則化。 (저즉명 명즉동 동즉변 변즉화)
오직 천하의 지극한 정성만이 능히 사물이 이루어지게 한다.	唯天下至誠爲能化。 (유천하지성위능화)

(《중용(中庸)》. 23장)

이 변화가 기운생동함(化)으로써 앎이 비로소 행동으로 능하게 되는 경지에 도달할 수 있다. 몸은 공부의 실천적 도장이고 덕행이 쌓아지고 새겨지는 장소이다. 따라서 몸을 통한 공부는 이론과 실제의 괴리가 메워지고 삶과 앎이 소통되는 진정한 배움터라고 말할 수 있다. 몸으로 익히는 공부는 종잡기 어려운 마음과 뜻을 깊게 하고 바르게 안내하는 견실한 고삐가 될 수 있다. 따라서 몸으로 배우는 공부는 그 어떠한 가르침보다 인생의 의미를 깨닫고 행동하는 삶을 살아내도록 할 것이다.

생각해봅시다.

1. 사람이 된다는 의미를 서로 말해보세요.
2. 내가 꿈꾸는 공부를 이야기해보세요.
3. 내가 새로운 사람이 되는 길을 찾아보고 생각을 정리해보세요.

* 이성적 인간.
* 경제적 존재로서의 인간.
* 권력의지로서의 인간.
* 무의식적 존재로서의 인간.
* 포스트모더니즘에서의 인간.

[도움 줄 책]

- 강신주(2010). 《철학 VS 철학》. 그린비.
- 강신주(2010). 《철학적 시 읽기의 즐거움》. 동녘.
- 고미숙(2012). 《공부의 달인 호모쿵푸스》. 북드라망.
- 김현(1995). 《한국문학의 위상》. 문학과 지성사.
- 김용옥(2001). 《노자와 21세기 1》. 통나무.
- 김용옥(2001). 《노자와 21세기 2》. 통나무.
- 박종현(1993). 《플라톤: 메논 · 파이돈 · 국가》. 서울대학교출판부.
- 양희규(2005). 《꿈꾸는 간디학교 아이들》. 가야넷.
- 엘리자베스 퀴블러 로스 · 데이비드 케슬러, 류시화 역(2008). 《인생수업》. 이레.
- 에리히 프롬. 차경아 역(1998). 《소유냐 존재냐》. 까치.
- 이왕주(1994). 《철학풀이, 철학살이》. 민음사.
- 이왕주(2001). 《쾌락의 옹호》. 문학과 지성사.
- 전경갑(1998). 《현대와 탈현대의 사회사상》. 한길사.

제3장
인간에게 왜 우정이 필요한가?

인간에게 왜 우정이 필요한가?

친구란 오랫동안 친밀하게 지낸 가장 일반적인 인간관계이다. 가진 것이 많든 적든, 배운 것이 많든 적든, 누구나 가질 수 있는 인간관계가 친구이다. '함께 있으면 즐겁다', '있는 그대로 받아들인다', '서로 깊게 신뢰한다', '서로 존중한다', '서로 도와주고 믿을 수 있다', '서로 비밀이 없다', '서로 이해할 수 있다', '있는 그대로 내보일 수 있다' 등으로 드러난다(김중술, 2005). 그렇지만 친구 한 사람을 얻는 것은 쉬운 일이 아니다. 현대사회에서 우정은 세속적 가치에 의해 밀려나 있다.

오늘날 많은 사람들은 자신의 일에만 몰두하고 있다. 즐거움이나 유용성을 얻기 위해 동료나 동지로 지내는 경우는 있겠지만, 진정한 의미에서의 우정을 지닌 사람들을 발견하기란 쉽지 않다. 서로가 경쟁자로서 자신에 적합한 이익을 좇아가는 행동만 할 뿐이다.

우리 모두 다른 모든 것들을 다 가졌다고 하더라도 친구가 없는 삶을 선택하지 않을 것이다. 아무리 큰 명예와 영광을 얻었다고 하더라도 친구가 없다면 무슨 재미가 있겠으며, 그렇게 사는 것이 무슨 의미가 있겠는가?

개인주의와 이기주의가 만연하고 있는 사회적 분위기에서 우정은 수단적 가치일 뿐이다. 하지만 우정이 없는 사회는 모래알 조직이나 다름없다. 이렇게 되면 그 사회는 해체된 것이나 마찬가지일 것이다.

1. 친구란 무엇인가?

어떤 사람을 친구라고 하는가? 친구의 사전적 정의는 '오래 두고 정답게 사귀어 온 벗'이다. 친구의 우리말인 '벗'은 '마음이 서로 통하여 친하게 사귄 사람'이나 '뜻을 같이하는 사람'이라고 정의된다. 이러한 친구와 나누는 정다운 애정을 '우정'이라고 한다. 우정은 사랑의 한 형식이다. 선행은 친구를 향한 것일 때 가장 탁월하고 찬양받을 삶의 양식이다.

친구란 무엇인가? 친구는 수용, 신뢰, 존중의 바탕 위에서 인생의 즐거움을 공유하고 닮아가는 동반자라고 할 수 있다. 친구보다 더 소중한 존재는 없다. 처음에는 낯선 관계에 있던 사람이 익숙해지고 친숙해지면서 친구 관계가 성립한다. 자신과 함께 웃고, 상처 입고, 싸우고, 욕하고, 울고, 노력하고, 일하고, 놀고, 계획을 짜고, 토론을 위해 '다른 사람들'을 필요로 한다. 자신 이외에 친밀한 '다른 사람들'이 존재한다는 것은 삶을 살아가는 데 있어 매우 중요하다. 친구는 함께 사랑하고, 믿고, 참아주고, 비난하고, 때로는 피하기도 하는 요긴한 존재이다. 친구와 함께 같은 생각을 하고, 공감하면서 여러 가지 활동을 함께한다. 말동무, 술친구, 여행친구 등 여러 일들을 할 때 함께할 수 있는 친한 사이이다.

이렇게 친구는 인간관계에 있어 매우 특별한 관계를 맺고 지내는 사이이다. 친구는 항상 친밀한 관계를 유지한다. "친구는 돈보다 중요하다"는 말처럼 살아가면서 가장 친밀한 관계로서 위치하고 있는 것이 우정이다. 부모와 자식과의 관계가 밀접하기는 하지만 친밀함과 같은 특질을 경험할 수 없다. 친구는 여러 가지 유사점을 지닌 사람들이기 때문에 서로 공유한 삶의 영역이 넓다. 화제, 취미, 오락, 가치관 등이 유사하기 때문에 서로의 만남이 즐겁고 편안하다. 우정은 친밀한 정서적 분위기를 통해 형성되는 특질이 있다. 우정은 두 사람 사이의 따뜻함과 친밀함을 인지할 수 있는 정서적 관계망 속에 있다. 우정은 친구를 위해 좋은 것을 소망하고 행위하며, 친구 자신을 위해 그의 삶을 소망하고, 그의 동료와 함께 같은 시간을 보내고, 친구로서 같은 욕구를 가지며, 친구와 함께 슬픔과 기쁨을 함께 나누는 관계이다.

서로 선한 마음과 호감을 가지며 서로 다른 삶의 양식과 서로의 관점이 교환되고, 인간관계가 유지되고 발전하면 두 사람 사이에 친밀한 사고와 감정이 교류되고 공유되는 것이다. 이렇게 우정은 서로 인정하고 서로 감정을 공유하고 소통하는 관계이다. 모든 대인관계와 마찬가지로 친구 관계의 본질은 서로의 상호 의존에 있다. 우정은 서로의 관심과 관점을 공유해야 하고, 생각이 다를 때 서로 갈등하며, 각자의 생각을 수정해야 지속될 수 있다. 서로를 배려하고, 상대의 이야기를 경청해야 하고, 서로 존중을 해야 한다. 잦은 만남을 통해 서로를 잘 알고, 서로 마음과 뜻이 통하며, 정다움을 느끼면서 친구 관계가 이루어지고, 우리의 마음속에 의미 있는 존재로 자리 잡게 되며, 자신의 삶에 소중한 존재가 되는 것이다.

친구 사이의 상호 의존은 어떤 배후의 동기를 만족시키기 위한 수단으로 삼기보다는 동료의식, 자극, 소속감, 정서적 지원 등에서 의미를 찾는다. 우정은 서로에 대한 친근감, 애정, 충성심을 갖는 두 사람 간의 지속적인 상호 관계를 원하며, '함께함' 을 필요로 하며, 친구가 함께 살고 서로 의사소통을 할 때 성립한다. 우정은 사람을 함께 묶어 주고, 꾸준하게 결속시켜야 하고, 다른 개인이 자신에게 관계를 맺듯이 그 타인에게도 관계를 맺도록 하는 역관계가 성립한다.

또한 우정은 수직적 관계가 아니라, 대등한 위치에서 소통하고 대화하는 민주적 인간관계 속에서 형성된다. 친구 간의 상호 의존은 다른 대인관계(친족, 직장동료 등)와 달리 자발적이다. 우정은 인간관계 중에서 가장 자유롭고 편안한 관계이다. 우정은 동등한 위치에 있는 사람들 사이에 이루어지는 평등한 사회적 관계이고 '상호 호혜적' 이다. 친구 관계는 대등한 위치에서 맺는 인간관계이기 때문에 위계적 관계에서 지켜야 되는 심리적

부담과 제약이 적다. 가장 솔직하게 표현할 수 있는 인간관계가 친구 관계이다.

그러기에 사회적 제재에 의해 강제될 수 없는 성질을 갖고 있다. 가족 관계나 직장에서의 인간관계처럼 관계를 유지해야 할 의무나 구속이 적어 친구 관계에 들어가고(가입), 나오는(탈퇴)는 관계가 다른 인간관계에 비해 상대적으로 자유롭다. 우정은 '열려 있는' 관계를 요구하기에 구속력이 적어 해체되기 쉽다. 친구 관계는 상하와 같은 계급관계는 더더욱 아니기 때문이다. 우정의 관계는 항상 '평등한 관계'를 유지해야 오래 지속될 수 있다. 친구 간에 우정이 성숙하고 긴밀도가 높아지려면 서로 노력하지 않으면 존속할 수가 없다. 먼저 좋은 친구를 만나고 싶으면 먼저 좋은 친구가 되도록 노력해야 하는 것이다.

2. 아리스토텔레스의 우정론

아리스토텔레스는 '우정(friendship)'으로 번역되는 그리스어 'philia'라는 말을 즐겨 사용하였다. 진정한 우정은 'philia'여야 한다는 것이다(아리스토텔레스, 2006: 277~313). 'philia(친애/친밀한 애정)'는 선후배나 부모자식 관계와 같이 친(親)한 사람, '함께 있으며 사랑을 주고받는 존재'를 모두 포괄한다. 또한 '어머니가 아이를 사랑하면서 느끼는 기쁨'이라고 할 수 있다. 사람들 사이에 사랑을 나누는 'philia'는 기쁨을 상대방의 미덕에서 찾는 남편과 아내의 사랑이 그런 사랑의 한 형태라고 할 수 있다. 'philia'는 넓은 의미로 인간관계에서 가장 승화된 사랑의 한 형태로 사랑하는 기쁨, 사랑받는 기쁨, 함께 나누는 삶, 상호적 선택과 희열, 그리고 신뢰의 마음을 나누는 관계이다. 그러기에 우정은 연인에게 느끼는 낭만적/에로틱 사랑이나 가족에게 느끼는 가족애와는 다르다. 여기에서는 친구 사이의 친애만 다루기로 한다.

아리스토텔레스는 우정의 종류를 나누는 것은 '사랑할 만한' 무엇인가에 따른다. 그가 말하는 세 가지 사랑할 만한 것들은 즐거운 것, 유용한 것, 선한 것이다. 이에 따라 즐거움을 추구하는 우정, 유용성을 추구하는 우정, 선을 추구하는 우정으로 구분하였다(아리스토텔레스, 2006). 사람들은 즐거움 때문에 우정을 나눈다. '즐거움을 추구하는 우정(pleasure friendship)'은 서로를 위해서가 아니라 서로에게서 얻을 수 있는 즐거움을 위하여 성립한다. 사람들이 재주 있는 사람들을 사랑하는 것은 그들의 인격을 사랑하는 것이 아니라, 그들에게서 즐거움을 발견할 수 있기 때문이다. 즐거움을 추구하는 우정은 게임을 하거나 이야기를 나누는 대상으로서 서로 여흥이나 즐거움을 위해 친구 관계를 형성한다. 젊은이들은 즐거움을 추구하는 경향이 크고, 특히 남녀 사이에는 스킨십 등을 포함하여 매력적인 사람과의 관계를 지속하고자 한다. 젊은이들의 우정은 즐거움을 목표로 삼는다. 그들은 정서의 유도에 따라 살며, 무엇보다도 스스로에게 즐거움을 주는 것에서 이득을 추구하기 때문이다. 우정은 서로 좋아해야 하고, 에로틱한 사랑도 여기에 해당한다. 즐거움의 우정은 지속적이지 않다. 즐거움은 정서의 일종이며, 유동적인 성향을 지닌 것이기 때문이다. 그래서 이 우정 역시 진정한 우정일 수 없다. 그러나 현대사회에서 이루어지고 있는 대부분의 우정은 즐거움의 우정일 뿐이다.

또한 사람들은 유용성 때문에 우정을 나눈다. '유용성을 추구하는 우정(utility friendship)'은 서로를 위해서가 아니라, 서로에게서 얻을 수 있는 좋은 것을 위해서 유지된다. 서로를 유용성 때문에 사랑하는 사람들은 서로를 사랑하는 것이 아니라, 그들이 서로에게서 얻게 될 어떤 좋은 것을 사랑한다. 이는 물질적인 이득이나 편의 등 다양한 것들일 수 있다. 유용성을 추구하는 우정은 공책이나 연필도 빌려 쓰고, 부정행위나 대리출석을 위해 친구 관계를 형성한다. 우리는 오늘날 사업상 도움을 받으려고 사람들과 여러 관계를 맺으며, 권력을 잡기 위해 친구를 이용하는 것을 많이 본다.

그러나 서로를 위하지 않는 유용성의 우정은 진정한 우정이라고 할 수 없다. 유용한 것은 영속적이지 않고 늘 변화한다. 우정의 동기가 사라지면 그 우정은 관련되는 목적들을 위해서만 존재했던 것인 양 부서진다. 불행하게도 오늘날의 사회에는 이런 종류의 우정들이 만연하고 있다. 유용성의 우정을 지닌 친구들은 서로를 우정의 대상이 아니라 자신의 편리한 삶을 위한 수단으로 여긴다. 유용성이 사라지면 그런 우정 또한 함께 사라진다. 유용성의 우정은 진정한 우정이 아님에도 현실은 그런 우정이 대부분을 차지한다.

그런데 즐거움이나 유용성을 추구하는 우정은 목적 달성에 이용되고 나면 자연스럽게 끝나고 만다. 즐거움을 추구하거나 유용성을 추구하는 친구관계는 유용함과 즐거움을 주는 조건하에서 서로를 사랑한다. 따라서 이런 우정은 우연적인 것일 따름이다. 이러한 우정이 유지되는 이유는 어떤 좋은 것이나 즐거움을 제공하기 때문이며 만약 서로가 그 전과 달라진다면 쉽게 부서진다. 만약 한 쪽이 더 이상 즐겁지 않거나 유용하지 않다면, 다른 쪽은 그를 사랑하기를 멈출 것이기 때문이다. 우리들 일상생활에서 보면 유용성의 우정은 노인들에게서, 즐거움의 우정은 젊은이들에게서 쉽게 발견된다. 이런 우정은 서로 함께 어울려 살지 않는다. 가끔 그들은 서로에게서 즐거움을 발견조차 하지 않기 때문이다. 그들이 서로에게 희망을 불러일으키는 경우에만 그들은 서로에게 즐거운 존재가 된다.

그러나 나이가 많아짐에 따라 즐거움도 달라진다. 이들은 친구가 되는 것도 재빠르고 헤어지는 것도 재빠르다. 그들의 우정은 즐거움을 주는 대상에 따라 함께 변화하며, 그런 즐거움도 빨리 변한다. 젊은이들은 또한 연애하기를 좋아한다. 연애와 같은 우정은 대부분 정서에 의존하고, 즐거움을 목표로 삼는다. 그들에게 사랑이란 하루에도 몇 번씩 변하기 쉬운 감정이다. 이런 우정은 자신의 이익을 위해 이루어지는 '일방적인 우정' 이다.

이러한 우정에 대해 아리스토텔레스는 대안적 우정으로서 '선을 추구하는 우정(goodness friendship = philia)' 을 제시한다. 선은 우리의 이해관계와는 관계없이 그 자체로 '사랑을 할 만한 것' 이다. 선의 우정을 가진 친구들은 서로를 위하여 서로를 사랑하고, 그들이 서로에게 줄 수 있는 우연한 이득이나 즐거움을 위해서가 아니라, 서로의 성품 때문에 서로를 소중히 여긴다. 선을 추구하는 우정은 선하고, 그리고 동등한 사람들 사이에서만 존재할 수 있다. "완전한 우정은 선하고, 덕에 있어 서로 닮은 사람들의 우정이다. 그들은 서로가 선한 사람인 경우에 서로가 행복하기를 서로가 바라며, 그들 자신들이 선하기 때문이다. 그 친구들을 위하여 그들이 행동하기를 바라는 사람들은 가장 진정한 의미에서의 친구들이다"(아리스토텔레스, 2006).

선을 추구하는 우정은 도구적이지 않기 때문에 우연적인 것이 아니다. 그것은 사람의 본성에 따라서 이루어지는 것이다. 본성을 따르는 한 그런 우정은 지속되는 것이다. "진정한 의미에서의 친구들은 그들의 본성 때문에 서로의 행복을 바라는 것이지, 부수적인 것이 아니다. 그러므로 그들의 우정은 그들이 선한 한 지속한다. 그리고 선은 지속하는 것이다. 그리고 그들 각각은 아무 조건 없이 선하며, 그의 친구에게 선하다"(아리스토텔레스, 2006).

그러나 여기서 말하는 선은 즐거움이나 유용성과도 크게 다르기에 개인적 선이 아니다. 그것은 상대방을 위한 선이며 공동선을 말하는 것으로 공동체 구성원 모두의 이익을 의미한다. 따라서 선을 추구하는 우정은 정의와 진리와 같은 일반적인 가치를 소중하게 여긴다. 선을 추구하는 우정이란 도덕적으로 완전한 우정을 말한다. 아리스토텔레스는 그것을 '인격적 우정' 으로 불렀다.

우정의 출발은 유용하고, 즐거움을 주는 데서 시작하지만 완전한 우정으로의 발전은 가치나 덕에 바탕을 둘 때 오래 지속될 수도 있고, 사회성을 갖는 우정으로 발전할 수 있다. 친구 관계는 동성과의 관계인지 이성과의 관계인지에 따라 다른 특성을 갖는다. 이성과의 관계는 동성과의 관계보다 의사소통이 덜 이루어지며, 도움의 정도도 동성보다 크지 않다. 친구 관계를 맺는다는 것은 상당히 고달픈 과정을 요구하는 인내가 필요하다. 이 '고달픈 과정'을 견디지 못하면 친구 관계가 형성되지 않고 깨어지고 만다. 타인과의 관계를 맺는다는 것은 분노, 좌절, 고통 등 감정을 수반하며 그러한 감정의 통제와 조절을 통해 우정 관계가 성립되는 것이다. 그렇기에 친구 관계의 성숙은 곧 '도덕적 성숙'을 가져오는 것이나 다름없다.

따라서 지속적인 우정 관계를 유지하려면 시간과 사귐을 필요로 한다. 속담처럼 '소금을 같이 먹어보기 전까지는' 서로를 알 수 없기 때문이다. 서로에게 사랑할 만한 사람으로 보여지고, 그렇게 신뢰가 쌓이기 전까지는 친구로 받아들일 수도, 또 친구일 수도 없다. 서로에게 서둘러 친구처럼 행세하려는 사람들은 친구가 되기를 바라는 사람이지만 친구는 아니다. 친구 관계가 유지된다는 것은 신뢰를 포함하여 비밀 유지, 긍정적 존중, 정서적 후원 등이 뒤따라야 한다.

그런데 만일 우리가 우리 자신의 삶을 희생해야만 친구를 구할 수 있는 그러한 상황이 도래한다면 어떤 태도를 취할까? 이에 대해 아리스토텔레스는 위험 상황을 기꺼이 감수할 수 있을 때 '완전한 우정(perfect friendship)'에 도달하였다고 표현한다. 그렇지만 현실적으로 이런 우정을 유지하기란 매우 어렵다. 왜냐하면 그것은 좋은 사람들 또는 다른 사람이 잘되기를 서로 바라는 사람들 사이에서만 있을 수 있기 때문이다. 사실 완전한 우정은 서로에게 즐거우며 유용한 관계를 요구하지만, 우정의 대상으로서 즐거움이나 유용성을 추구하지 않는다. 완전한 우정은 좋은 사람들과 동등한 사람들 사이에서만 존재할 수 있다. 따라서 현실적으로는 즐겁고 유용하면서도 다른 한편으로는 좋음/선을 추구하는 친구 관계를 추구하여야 진정한 우정이라고 할 수 있을 것이다. 완전한 우정을 추구하는 데는 재미있고 유용한 요소도 중요한 동기로 작용하여야 우정의 활력소가 생길 것이다. 그것이 인간관계의 다층적 본질이고 속성이다. 친구 관계가 신적인 관계는 아닌 것이다.

3. 공자의 우정론

공자는 진정한 우정의 의미를 강조했지만 우정의 종류를 특별히 구분하지는 않았다. 그러나 공자가 말한 붕우(朋友)[1]는 서로 내용이 다른 종류의 우정이다. 사전적 의미로 '붕(朋)' 은 동문에서 수학하는 사람들, 떼나 무리의 뜻을 지닌다. '붕' 으로서의 친구는 동지에 가까운 의미를 지니는 것이다. 공자가 "동문들(朋)이 먼 지방으로부터 찾아온다면 즐겁지 않겠는가."[2] 라고 말할 때, '붕' 은 동일한 선생님 아래에서 공부하는 학생들을 의미한다. '우(友)' 는 진정한 의미에서의 친구 또는 벗을 말하며, 스승과의 관계를 말한다. 공자의 제자들은 그의 '붕' 이지만, '우' 일수는 없다. 지위나 그 능력을 초월하여 관계를 형성한 사람들만이 '우' 라고 불릴 수 있다.

공자는 친구들과의 관계 속에서는 물론 인간 삶 자체가 즐거움과 유용성만을 추구하는 것이어서는 안 된다고 주장한다. 즉, "군자는 마땅한 것에 깨닫고, 소인은 이익에 깨닫는다."[3] 마땅한 것은 이치에 합당하다는 의미이며, 여기서 말하는 이익은 인정이 바라는 것, 즉 즐거움과 유용함을 모두 포함한다. "군자는 덕을 생각하고, 소인은 땅을 생각한다."[4] 덕을 생

---

1) 조선후기 우정론에 영향을 미친 선교사 마테오리치의 '교우론' 에서 '朋友' 의 '朋' 은 날개(羽)를 빌린 것이고, '友' 는 손(手)과 또(又)가 합쳐져 만들어진 것으로, 朋友란 마치 새에게 두 날개가 있고 사람에게 두 손이 있는 것과 같다는 의미를 갖고 있다고 해석한다.
2) 論語, 有朋自遠方來 不亦悅乎.
3) 論語, 里仁 16, 子曰 君子 喩於義 小人 喩於利.
4) 論語, 里仁 11, 子曰 君子 懷德 小人 懷土.

각한다는 것은 고유한 선을 보존함을 말하고, 땅을 생각한다는 것은 편안하게 살 것에 몰두한다는 말이다. 이익이나 이득을 보면 항상 마땅함을 생각한다는 말은 인간 삶의 기준이 마땅함이지 이득이나 즐거움일 수 없음을 잘 드러내준다.

진정한 우정의 핵심은 이익과 즐거움이 결코 아니다. "군자는 글/학문으로써 벗을 모은다. 그리고 친구들로써 자신의 인덕을 보인다.[5] 진정한 우정의 길은 서로 간에 학문이나 덕행 등을 배우고 닦음으로써 인격과 덕을 함양하는 것이라는 말이다(박재주, 2010: 177~193). 우정은 이득과 즐거움 자체를 목적으로 삼지 않음을 강하게 표현한 것이다.

공자가 강조하는 우정은 아리스토텔레스가 말하는 도덕적 덕으로서 선을 추구하는 우정과 유사하다. 공자가 주장하는 진정한 우정은 자신의 이익이나 즐거움을 위해서가 아니라 상대방의 덕과 인격 때문에 존중하는 마음이 생겨나고, 이로 인해 자신의 덕과 인격 함양에 도움이 될 것이라는 믿음에 의해 성립한다. 그래서 자공이라는 제자가 우정에 관해 질문을 하자, 공자는 "충심으로 말해주고 선을 가지고 길을 인도하는 것이다."[6] 라고 말한다. 우정은 인(仁)을 돕는 것이기 때문에 마음을 다하여 말해주고, 선을 가지고 그를 인도해야 한다는 것이다. 곧 우정은 덕과 인격 함양을 목적으로 삼는다는 것이다.

맹자도 이 점을 강조한다. 즉, "책선(責善)이 우정의 도리이다."[7] 결국 공자와 맹자가 말하는 진정한 의미의 우정은 '덕의 우정'이다. 진정한 우정은 그중에서도 믿음(信)의 덕을 강조한다. 진정한 우정은 서로에 대한 신뢰에 바탕을 두는 것이다. 우정이란 어떤 상대의 성격을 분명히 파악하고, 선택하기로 한 상대에 대해 절대적인 신뢰를 가지는 것이다. 공자나 유가들은 이들과 즐거움보다 더 강조하는 것이 바로 신뢰(信)이다. 믿음이

---

5) 論語 憲問 13, 李氏 10, 見利思義, 見得思義.
6) 論語, 顔淵 23, 子曰 忠告之善道之.
7) 孟子, 責善 朋友之道也.

란 자신의 말에 따라 사는 것이다. 그것은 곧 성실성을 말하는 것이다. 믿음을 가지지 못한 사람은 있을 수 없다. 믿음이 우정의 필요조건인 것이다. 즉, "나는 매일 세 가지를 반성하는데, 그중 하나가 친구와 더불어 사귀면서 믿음을 주지 못하는가?"[8]이다. 친구와 더불어 사귀되 말을 하고 믿음이 있다면 비록 배우지 않았다고 말하더라도 나는 반드시 그를 배웠다고 할 것이다. 자로가 "선생님의 뜻을 듣고자 합니다."라고 하자, 공자는 "친구에게는 믿음을 주고자 한다."[9]라고 하였다. 적어도 자신의 말이나 그 속에 담긴 의도를 의심할 필요가 없을 정도로 믿음을 주는 사람만이 친구가 될 수 있을 것이다.

아리스토텔레스는 동등하고 유사한 사람들 사이에서 선을 추구하는 우정이 가능하다고 하지만, 공자는 상대방의 덕과 인격을 존중하고 그것을 닮으려고 한다면 자신보다 뛰어난 인격을 가져야 한다는 입장이다. "자신보다 못한 사람을 사귀지 말라"는 말이 그런 뜻을 내포한다. 즉, 우정은 우열의 관계 속에서 이루어진다는 점을 암시한다. 자기보다 못한 사람은 인덕을 보태는 데 결코 도움이 될 수 없기 때문이다. 누구나 자신보다 착하지 않은 사람을 벗으로 삼지 않아야 할 뿐만 아니라 도덕적 선을 얻음에 있어 더 나은 벗을 찾으려고 노력해야 한다는 것이다. 자기 계발에 도움이 되는 사람만이 친구가 될 수 있다는 것이다. 사회적 위계질서에서의 차이는 전혀 고려되지 않고, 덕과 인격의 면에서 평등한 사람이면 진정한 우정의 대상이 될 수 있다.

그래서 공자는 다음과 같이 말한다. "유익한 벗이 셋이고, 해로운 벗이 셋이다."[10] 정직하고, 성실하며, 듣고 본 것이 많으면 유익한 벗이고, 허세부리거나, 우유부단하고, 말이 앞서는 자는 해로운 벗이다. 벗이 정직하

---

8) 論語, 學而 4, 曾子曰 吾日三省吾身 …… 與朋友交而不信乎.

9) 論語, 公冶長 25, 子路曰 願聞子之志 子曰 …… 朋友信之.

10) 論語, 李氏 4, 公子曰 益者三友 損者三友 友直 友諒 友多聞 益矣 友便辟 友善柔 友便佞 損矣.

면 항상 자신의 잘못이나 허물을 들을 수 있고, 벗이 성실하면 성실할 수 있으며, 벗이 식견이 많으면 자신도 지식을 넓힐 수 있게 된다는 것이다. 공자는 정직한 사람과 성실한 사람을 벗하고, 경박하고 굽실거리는 사람이나 빈말을 잘하는 사람과 벗하면 해롭다고 한 것을 보면, 완전한 우정의 성립은 좋은 사람 사이에 이루어지는 독특한 도덕적 관계가 존재함을 알 수 있다.

유가가 말하는 우정은 서로 포용하고 서로 배척하는 것을 통합하는 것이다. 이는 덕을 바탕으로 이루어지는 것이 우정이지만, 유용성과 즐거움이 우정의 필요조건임을 말하는 것이다. 이는 이득을 생각하여 친구를 사귀라는 유용성의 우정을 말하는 것은 아니지만, 우정의 이득과 손실을 아주 강조하는 말이다. 공자는 그 이득과 즐거움을 지속적으로 얻을 수 있는, 그래서 우정을 지속할 수 있는 바람직한 자세를 강조한다.

예를 들면 "친구들 사이에는 간절하고 자상히 권면한다"[11]라는 것은 항상 부드럽고 거스르지 않는 자세를 지닌 우정이 가지게 될 손실을 경계하는 말이다. 또한 벗에 대한 제자의 물음에 "충심으로 말을 하고 선으로 인도한다. 불가능하면 그만두어서 스스로 욕되지 말아야 한다."[12]라고 한다. 우정은 '인을 돕는 것(以友輔仁)'이기 때문에 그 마음을 다하여 말을 하면서 선으로 인도하여야 하지만, 그것이 불가능하면 그만두어야 한다. 자주 말하다가 소원해진다면 스스로 욕되는 일이기 때문이다. "친구들 사이에 자주 충고하면 소원해진다."[13]라는 것은 친구를 인도함에 착한 말이 받아들여지지 않으면 마땅히 중지해야 한다는 말이다. 답답하고 더러워질 정도에 이르면 말한 자가 가벼워지고, 듣는 자가 싫어한다. 친해지려고 하다가 오히려 소원해지는 것이다.

---

11) 論語, 子路 28, 朋友 切切偲偲.

12) 論語, 顔淵 23, 子貢問友 子曰 忠告而善道之 不可則止 無自辱焉.

13) 論語, 里仁 26, 朋友數 斯疏矣.

4. 진정한 우정이란 무엇인가?

참된 우정은 사람의 다른 요소를 배제하지 않고 타인을 사랑한다. 참된 우정은 타자의 참자아를 지향한다. 타자를 사랑하는 것은 타자의 몸을 사랑하는 것이 아니라, 타인의 마음을 진정으로 사랑하는 것이다. 타인의 마음은 나와 분리된 객체가 아니라, 내 속에 있는 또 하나의 친구, 또 다른 자아이다. 친구를 사랑한다는 것은 내 속에 있는 또 다른 모습의 나를 사랑한다. 즉, 나와 무척 닮아 있으면서 또 다른 실체를 갖고 있는 타자를 사랑하는 것이다. 타인의 참자아를 사랑하려면 덕이 있어야 한다. 덕이 있는 사람은 자신을 진정으로 사랑하는 것처럼 타인의 참자아를 사랑한다. 덕이 있는 사람은 자신을 사랑하고, 자신의 참자아를 사랑하고, 비록 친구가 즐겁게 해주지 못하고 유용함을 주지 못해도 좋아할 수 있는 사람이고, 열정과 정념에 이끌리면서도 친구의 존재를 인정하고 배려하면서 우정을 발전시킨다. 참으로 진정한 우정을 추구하는 좋은 사람은 자기 친구를 위해 행동하면서 자기 자신의 이익은 희생할 수 있는 사람이다. 좋은 사람은 자신의 친구들과 나라를 위해 많은 일을 하며, 필요하다면 그들을 위해 죽으리라는 의지와 각오를 갖고 있다. 좋은 사람은 부와 명예 그리고 일반적으로 사람들이 쟁취하려는 좋은 것들을 포기하면서 스스로 '고귀함' 을 추구한다.

도덕적 수준의 우정에 달성하려면 모든 사람은 덕이 있는 친구를 필요로 한다. 덕이 있는 친구만이 '자기사랑' 을 확장할 수 있는 진정한 우정을 확보할 수 있다. 덕이 있는 우정은 인간의 존재를 완전하게 구현하는데 불가피한 요소이다. 사람은 자신의 잠재력을 발달시키는 행복을 달성하기 위해 덕이 있는 친구를 필요로 한다. 친구 없이 홀로 살고자 하는 사람은 결코 자신의 잠재력을 완전하게 실현할 수 없으며, 그렇게 되면 결국 행복에 노달할 수가 없다. 이기적이고 개인주의적인 사람은 결코 진정으로 행복할 수 없다. 아리스토텔레스는 좋은 삶을 '행복한 삶(eudaimonia)'과 동일시하면서 참된 우정과 행복의 관계가 모순되지 않고 조화될 수 있다고 보았다. 우정 없는 인생은 헛된 것이다. 우정은 행복의 조건이며 불행을 피할 수 있는 은둔처이다. '좋은 사람'은 친구들을 필요로 하며, 좋은 사람의 표시는 그가 친구들을 만들 수 있다는 것이며, 그런 사람의 삶이 진정 '행복한 삶'일 것이다(아리스토텔레스, 2006).

5. 우정은 공동체 의식으로 발전할 수 있는가?

인간의 삶에 있어 가장 중요한 일은 재산이나 권력을 획득하는 일이 아니고 진정한 친구들을 만나는 일이다. 인간의 완전한 자기발전은 관용과 겸손을 통해 가능한 것이다. 우정이라는 것은 항상 상대방의 관용에 접근할 수 있고, 자신의 관용을 상대방에게 베풀 수 있는 인간관계이다. 친구들을 통해 우리는 관용과 겸손을 배울 수 있다. 또한 우리는 우정에 의해 삶의 새로운 차원을 발견하기도 하고, 자신의 인생만이 아니라 세상을 다른 눈으로 볼 수 있게 된다. 그리고 우리는 친구의 눈과 귀를 통하여 보고 듣는다. 그래서 우정은 개인의 능력을 증가시킨다. 즉, 우리는 자신의 눈과 귀의 인식 능력뿐 아니라 상대방을 포용할 수 있는 사랑도 가질 수 있게 된다. 그래서 우정은 인생의 의미를 풍부하게 하고 올바른 삶의 태도를 가지도록 한다.

우정의 윤리는 정의(正義/justice)의 윤리와 공존할 수 있어야 한다. 왜냐하면 우정 관계에 있어 배려와 정의는 동시에 필요로 하기 때문이다. 정의의 윤리가 친구에 대한 배려를 소홀히 할 가능성이 있는 반면 우정의 윤리는 불편부당한 정의의 윤리를 소홀히 할 가능성이 있다. 이런 조건에서 '정의로운 우정', '우정 어린 정의'를 동시에 만족시키는 인간관계로 발전시켜야 한다. 가장 바람직한 우정은 '포섭적 우정(inclusive friendship)'이며, 이런 우정이 가장 발전된 도덕이며 윤리일 것이다.

기본적으로 우정은 사회가 공동체로서 존재하기 위한 필수적인 감정이라고 할 수 있다. 우정의 윤리는 자신과 타인이 함께 사는 공동체적 삶과 모두의 행복을 추구한다. 우정을 사적 도덕으로만 한정시켜 버리는 협소한 도덕이 아니라, 공적 도덕으로 전환할 수 있는 더 넓은 우정으로의 전환을 모색한다. 참된 우정은 정직, 배려, 충실, 인내, 공감, 불편부당함, 공정성 등의 도덕성을 경험하게 하는 것이다.

1989년 봄 중국의 민주화를 위해 벌였던 천안문 사태에서의 주도적 역할을 하였던 학생이 미국으로 도망쳐 친구의 집에 머물게 되자 그 친구는 이를 중국 당국에 고발할 것인가, 아니면 친구를 보호할 것인가를 두고 심각한 고민에 빠졌다고 한다. 샤르트르는 홀어머니를 봉양할 것인가, 아니면 레지스탕스 운동에 참여할 것인지를 두고 중대한 기로에 놓였다고 한다. 우리나라의 경우 독립운동에 참여하거나 민주화운동에 참여한 사람을 정부 당국에 고발할 것인지는 중대한 선택 상황이다. 이렇게 우정은 정치적 문제와 관련될 때 매우 큰 어려움에 마주한다. 이것은 가치의 선택 문제이기 때문이다.

무엇이 더 좋고 나쁜지를 판단하기란 쉽지 않다. 어느 것이 더 우선적인지를 말하기란 쉽지 않다. 다만 우정의 중심적 가치에서 공정성과 정의의 윤리를 중대하게 고려해야 한다는 점을 말하고 싶다. 그렇지 않으면 친구 관계가 수단적 우정밖에 되지 않을 것이다. 우정이 공익이나 공정함을 구현하는 이타적 성향으로 발전하지 않으면 조직과 제도의 유지가 사사로운 사적 이익의 도구로 이용될 것이다. 그렇게 되면 '공적 도덕성'의 정립은 매우 어렵게 될 것이다.

여기에서 아리스토텔레스는 우정을 사회적 관행에 뿌리내리는 덕목으로 발전시키고자 한다고 역설하였다. 우정은 결핍이나 결함을 채우는 것이 아니라, 나눔과 신뢰의 공동체로 발전시켜야 한다는 것이다(앙드레 콩트 스퐁빌, 1997:324). 우정은 도덕적 행동의 이상을 현실에 구현하는 '공동체'를 필요로 한다. 이러한 필요성은 인간이 사회적 동물이기 때문에 요청한 것이다. 인간은 공동체의 참여가 없으면 자신의 잠재력을 달성할 수 없고, 그렇게 되면 자신의 행복을 구현할 수 없다. 우정은 남녀 간에 이루어지는 사랑과는 달리 그물망처럼 계속 퍼져 나갈 수 있어야 한다. 인간에게 우정의 덕이 없으면 참 우정을 이룰 수 없다. 나아가 덕이 없으면 행복의 달성도 불가능하다. 이렇게 우정은 인간의 행복과 완전성에 기여한다. 우정의 발전은 공동체에 대한 헌신으로 발전할 수 있는 귀중한 덕목이다. 따라서 우정 없는 공동체 의식의 강조는 국가주의나 전체주의에 대한 충성으로 왜곡될 수 있다.

이렇게 볼 때 자발적인 우정에서 시작하여 발전되는 공동체 의식이야말로 진정한 나라사랑이라고 할 수 있다. 사회가 공동체로서 원초적 감정인 우정이 없다는 말은 이미 사회의 기능을 상실하였다고 볼 수 있다. 우정은 모래알 조직과 같은 사회를 결속시키는 시멘트 역할을 한다. 진정한 우정 관계를 확대시키기 위한 거의 유일한 길은 제대로 된 우정을 나눌 수 있는 기회를 갖는 것이다. 그러기에 친구를 성공적으로 잘 사귀고 유지하는 기술을 가지는 것은 청소년들에게 매우 중요하다. 우리는 진정한 우정의 형성을 가로막는 과도한 경쟁교육을 냉각시킬 필요가 있다. 과도한 경쟁을 함으로써 친구 간의 우정의 형성을 방해하는 것은 결국 우정이 나라를 사랑하는 마음으로 발전되는 것을 원천적으로 차단하는 결과를 낳고 있다. 이렇게 볼 때 교육이나 나라 운영에 있어서 우정의 가치를 구현할 수 있는 체제를 만들어야 하고, 개인 각자는 그런 체제를 만들기 위해 개인적 노력을 기울여야 한다.

생각해봅시다.

1. 아리스토텔레스의 우정론에 비추어 자신의 우정 상태를 말해보자.
2. 공자와 맹자의 우정론에 비추어 자신의 우정 상태를 말해보자.
3. 우정과 애국심의 관계를 말해보자.

〈좋은 친구가 되는 방법〉

1. 우선 자기 자신을 사랑하라.
2. 가까울수록 예의를 갖추라.
3. 적게 말하고 많이 들어라.
4. 타인에게 관심을 가지고 마음의 문을 열라.
5. 친구들과 새로운 도전을 하라.
6. 겸손하되 자신의 뜻을 분명히 밝히고 자신 있게 행동하라.
7. 말과 행동을 일치시키고 활동적으로 생활하라.
8. 완벽한 사람이 아니라, 솔직한 사람이 되도록 노력하며 남들이 신뢰할 수 있는 사람이 돼라.
9. 상대의 장점을 먼저 칭찬하고 그다음 단점을 지적하라.
10. 상대의 입장이 되어 생각하고 긍정적 의사소통을 하라.
11. 먼저 말을 걸려고 노력하고 귀담아듣는 법을 배워라.
12. 눈을 맞추고 친구들을 거울삼아 자신을 들여다보라.
13. 극단적으로 반응을 하지 말라.
14. 원하지 않는 사람과 억지로 사귀려고 애쓰지 말고 혼자 있는 것에 익숙하라.
15. 사회생활을 쌓은 사람들만 사귀는 태도를 버려라.
16. 용서를 배워라. 용서는 자유에 이르는 길이다.

[도움 줄 책]

- 《논어(論語)》.
- 잉드레 콩트 스퐁빌. 조한경 역(1997). 《미덕에 관한 철학적 에세이》. 까치.
- 아리스토텔레스. 이창우 외 역(2006). 《니코마코스 윤리학》. 이제이북스.

제4장

사랑, 그 찬란한 아픔을 통해 성장할 수 있을까?

사랑, 그 찬란한 아픔을 통해 성장할 수 있을까?

인간은 누구나 사랑을 원한다. 사실 인간은 태어나면서부터 부모의 사랑에 의존해야만 생존할 수 있다. 갓 태어난 아기는 부모의 사랑과 보살핌이 없으면 생명을 유지하기 힘들다. 그래서 인본주의 심리학자인 매슬로우(Maslow)는 인간의 욕구 가운데 사랑이 필수적이라고 했다. 또한 사랑의 욕구가 충족되어야 인간답게 살 수 있다고 했다. 즉 인간은 부모의 사랑, 연인 간의 사랑, 신과의 사랑, 자연과의 사랑 등의 경험을 통해 인간으로 성장한다.

사랑의 의미는 무엇이고 왜 인간은 사랑을 추구하는가? 일반적으로 사랑에 대한 정의는 다양하고 명확하지 않다. 사실 사전적으로 사랑의 의미는 어떤 사람이나 사물을 몹시 아끼고 귀중히 여기는 마음이라고 규정되어 있지만 포괄적이고 광범위하다.

사랑의 어원은 '에로스'이다. 사랑 즉 이성 간의 사랑을 의미하는 에로스는 플라톤의 《향연》에 묘사되어 있다. 에로스는 풍요와 결핍이 결합해서 태어난 사랑의 신이다. 그래서 에로스는 결핍을 벗어나기 위해 풍요를 추구한다. 그것이 사랑이다. 플라톤은 불완전한 것에서 완전한 진리를 추구하는 것이 사랑이라고 정의한다. 그리고 이러한 사랑은 인간의 본래적인 욕구이다. 왜냐하면 인간은 원래 양성을 가지고 있어서 힘이 세었다. 이에 신들의 왕인 제우스가 인간이 신을 위협할 수 있다고 판단하여 둘로 쪼개어 버렸다. 둘로 쪼개어진 인간은 자신의 반쪽을 찾아서 헤매게 되었다. 그리고 자신의 반쪽을 찾아야만 완전한 하나가 된다. 따라서 사랑은 완전한 하나가 되기 위해 자신의 반쪽을 찾아서 헤매는 애절한 마음, 그리고 자신의 반쪽을 찾았을 때 하나가 되고 싶은 마음이자, 하나로 완성되고자 하는 마음이다.

그런데 사랑에 대한 어원적 접근이나 사전적 접근은 현재 진행 중에 있는 사랑에 대해서는 아무것도 설명해주지 않는다. 그래서 최근에 사랑을 이해하는 방식을 전환하고자 하는 연구들이 있다. 그것은 사랑을 명사적으로 이해하는 방식에서 벗어나서 동사적으로 이해하는 방식으로 전환하는 것이다. 사랑을 명사적으로 접근하는 것은 사랑을 명사적으로 정의 내리는 것에 관심이 있다. 이에 비해 사랑을 동사적으로 접근하는 것은 사랑을 행위로 이해하는 것이다. 이에 우리는 현재 이루어지고 있는 사랑에 관심이 있기 때문에 사랑을 동사적으로 이해하고자 한다.

사랑을 행위의 관점에서 이해하는 것은 우선 사랑을 자발적인 선택에 의해 이루어지는 행위로 이해한다. 우리는 사랑을 자발적인 선택 행위가 아니라 한 줄기 섬광과 같이 운명처럼 오는 것으로 생각하는 경우가 있다. 그래서 나를 사랑해줄 수 있는 연인을 무작정 기다린다. 이러한 사랑은 어린 시절 읽었던 동화에 등장하는 공주와 왕자 이야기와 유사하다. 착하고 가녀린 슬픈 공주가 있었다. 그리고 그 공주는 자신의 삶에 닥친 고난과 어려움을 말없이 운명처럼 받아들인다. 그리고 재력과 준수한 외모, 건강한 체력 등 인간적 능력을 완벽하게 구비한 왕자가 우연한 기회에 공주를 첫눈에 사랑한다. 그리하여 두 사람은 열정적인 사랑을 하는 연인이 된다. 물론 왕자는 공주가 고난을 당할 때면 언제든지 나타나서 도와주기 때문에 공주는 왕자를 의지하기만 하면 된다. 그러면 두 사람이 당면하는 고난은 왕자가 해결하고 영원한 사랑을 한다는 이야기이다.

운명적인 사랑은 이 시대에도 통용되는 멜로드라마의 테마이다. 즉 착한 여자가 있다. 그 착한 여자는 타인을 원망하지 않고 밝은 마음으로 자신의 고난을 감수하면서도 주위의 사람들을 행복하게 만든다. 그래서 이 여성의 매력에 한순간에 빠진 멋진 남성으로 인해 두 사람은 연인이 된다. 그리고 주위의 온갖 방해에도 불구하고 운명적인 사랑을 완성한다는 내용이다.

동화 같은 운명적 사랑은 산업혁명 이후 근대사회에서 낭만적 사랑의 형태로 인식되었고, 이러한 사랑은 이상적인 모델로 인식되어져 왔다. 사회학자인 앤서니 기든스(Anthony Giddens)는 이러한 낭만적 사랑은 근대사회의 사회문화적 특징이라고 규정한다. 즉 그는 근대사회는 가족의 노동력을 바탕으로 발전한 사회이다. 따라서 근대사회가 노동력을 확보하기 위해 가족 간의 친밀감과 애정을 중시하는 낭만적 사랑이 강조되었다고 한다. 이를 구체적으로 설명하면 근대사회는 농촌에서 도시로의 인구 이동과 함께 도시 노동자의 노동력을 확보하여야 했다. 따라서 근대사회는 남성과 여성, 이성과 감정, 공적인 영역과 사적인 영역을 구별하는 것은 물론 이성과 남성 그리고 공적인 영역을 중요한 것으로 간주했다. 반면 여성과 감정을 사적영역을 사소한 것으로 배제함으로써 노동력을 확보하였다. 왜냐하면 가정에서 여성들이 남성들을 보살피고 배려해야만 남성들이 바깥에서 일을 잘할 수 있기 때문이었다. 그래서 가정의 영역을 담당하는 여성이 능력 있는 남성을 의지하는 패러다임으로써 낭만적 사랑이 그 역할을 하였다. 즉 이렇게 근대사회 이후 낭만적 사랑이 아름다운 것으로 인식되어온 것이다(앤서니 기든스, 2001). 그런데 이러한 낭만적 사랑이 의미있다고 하더라도 그 사랑의 방식은 자발적이고 선택적인 것이어야 한다.

그리고 사랑을 동사적으로 이해하는 것은 사랑을 상호성과 인간적인 성장의 관점에서 이해하는 것이다. 흔히 신데렐라가 결혼 이후도 연애시절과 같은 사랑을 했는지에 대해서 회의적인 이유는 사랑은 지속성과 상호성 그리고 따뜻한 배려, 책임, 환경적 상황 등을 통해 성장해야 하는 것이기 때문이다.

결국 사랑을 동사적으로 이해하는 것은 지금 이루어지고 있는 사랑의 행위에 관심을 가지는 것이다. 즉 사랑을 명사로 이해하는 태도 즉 사랑의 의미, 사랑의 정당화 근거 등에 관심을 갖는 인식적인 차원과 다르게 사랑이 이루어지는 행위, 상황과 관계성에 즉 사랑과 성장에 관심을 갖는 것이다.

따라서 우리가 사랑을 동사적으로 이해하기 위해 던져야 할 질문은 '지금 사랑하고 있는가? 나는 사랑할 능력이 있는가?' 등과 같이 행위에 관심을 갖는 것이다. 특히 청소년기는 사랑을 동사적으로 이해하려는 태도가 필요하다. 왜냐하면 청소년기는 사랑에 적극적인 관심을 갖기 시작하는 시기이기 때문이다. 그리고 이 시기에 경험한 사랑의 기쁨과 상처가 삶의 태도에 많은 영향을 줄 수 있기 때문이다. 그리고 사랑은 인간적인 삶을 살 수 있도록 하는 필요충분조건이기 때문이다. 사랑은 자기애 혹은 독단과 편견의 삶에서 성장하도록 나침반 같은 역할을 한다. 인간은 사랑을 통해서만 나의 또 다른 모습인 타자를 만날 뿐만 아니라 이를 통해 진정한 성장을 지향할 수 있다.

사랑을 동사적으로 이해하는 관점에서 사랑은 어디서부터 시작되었는지, 그리고 우리에게 필요한 사랑의 능력을 형성하려면 어떻게 해야 하는지, 그리고 우리는 어떻게 사랑해야 하는가에 대해서 살펴보자.

1. 사랑 그 느낌은 어디서부터 시작되는가?

강의 시간에 사랑에 관한 것은 무엇이든지 환영한다는 말을 했더니 한 남학생이 머뭇거리면서 연구실을 찾아왔다. 남학생과 나눈 이야기는 사랑의 상처로 인해 학교생활이 너무 힘들다는 것이었다. 그에게는 대학교 2학년 때부터 짝사랑하던 대학 선배 누나가 있었지만 그녀에게는 사랑하는 연인이 있어서 자신의 사랑을 고백을 할 수 없었다는 것이다. 그러던 어느 날 친구로부터 그 선배가 이별을 했다는 말을 듣게 되었다. 그 말을 듣는 순간 사랑을 위한 절호의 기회가 찾아왔구나 생각을 하고 고백하였다. '오랫동안 사랑을 해왔으며, 앞으로도 사랑을 하고 싶다' 고 고백을 하였고, 그날 이후 열정적인 사랑이 시작되었다.

하루하루가 가슴 설레고 기쁨의 연속이었다. 기쁨을 준 사랑하는 연인을 위해서라면 무엇이든지 해주고 싶었다. 급한 일을 하다가도 보고 싶다는 메시지를 받으면 그녀가 있는 곳으로 달려 나갔다. 그의 하루 일과는 그녀를 위한 것으로 조정되었다. 아르바이트를 해서 번 돈은 그녀를 위한 선물비와 다양한 이벤트를 위해 사용되었다. 그녀의 존재 자체가 열정적인 기쁨이었다. 연인이 있다는 것만으로도 삶의 의미가 충족되고 자신감도 넘쳤다.

그러던 어느 날 연인으로부터 이별을 통보받았다. 더 이상 만나기 싫다면서 이별 선언을 하였던 것이다. 당혹스럽고 혼란스러운 마음에 이별만은 하지 말자고 매달렸다. 그러나 그녀의 마음은 완고했다. 취업준비를 위해 더 이상 만날 수 없다는 말만 되풀이하였다.

자신도 멋지게 이별하고 싶었지만, 마음과 다르게 그녀의 집을 배회하고, 술을 마시고 울면서 하소연을 하기도 하고, 그녀의 마음을 되돌릴 수 있는 방법만 찾는 자신의 모습에 분노하였다. 이별의 상처가 커져만 가고 있을 즈음 그녀가 다른 사람과 사귄다는 말을 우연히 듣게 되었다.

그날 이후 이 남학생은 자신이 하찮은 존재로 여겨졌고 자신을 아는 모든 사람들이 비웃는 느낌이 들었다. 집 밖을 나오기 싫어서 거의 은둔자처럼 생활하였다. 학과 수업만 대충 참석하고 누구와도 만나지 않고 귀가하였다. 물론 이별의 통증과 배신감으로 우울에 시달렸다.

이러한 사연은 누구나 경험할 수 있는 사랑의 아픔이다. 그런데 우리가 생각해봐야 할 것은 이별의 원인은 다양하겠지만 그 원인 가운데 하나가

이 남학생이 생각하고 있는 사랑과 이별의 개념이다. 이 남학생과 대화 도중에 사랑을 상대방 즉 연인을 무조건 보살피는 것으로 이해하고 있다는 것을 알게 되었다. 연인의 요구를 무조건 들어주는 것이 책임 있는 행동이라고 생각하고 있었던 것이다. 그리고 이별을 사랑의 과정이 아니라 실패라고 생각하고 있었다. 그래서 사랑의 실패인 이별을 받아들일 수 없었던 것이다.

동사적 관점에서 남학생의 사랑은 겉으로는 선택적인 것으로 보이나, 이미 오래전에 인식된 사랑의 관념 혹은 패턴을 반복하고 있는 것이다. 즉 사랑을 나와 구체적인 타자 즉 연인과 진행형으로 만나는 것이 아니라 관념화된 사랑을 반복하고 있었던 것이다. 물론 이 남학생은 자신의 상태를 자각하지 못했다.

사랑을 동사적으로 이해했던 흑인 여성주의자인 벨 훅스(bell hooks)는 《사랑의 모든 것》이라는 저서에서 이렇게 말한다.

> 사랑이라는 말은 대개 명사로 정의된다. 하지만 통찰력 있는 사랑 이론가들은 누구나 우리가 그걸 동사로 사용했으면 우리 모두 사랑을 훨씬 더 잘할 수 있을 것이라는 사실을 인정한다. …… 사랑을 하는 것이다. 사랑의 의지의 행위, 즉 의지하면서 행위다. 의지는 선택이 따른다. 우리가 반드시 사랑을 해야 하는 것은 아니다. 우리는 사랑하기로 선택한다. 그런데 선택은 성숙해지려고 하는 것이므로 이러한 정의는 우리가 본능적으로 사랑을 한다는 널리 알려진 가정과 배치된다. (벨 훅스(2004). 《사랑의 모든 것》. p.28)

위의 사례에서 보듯이 우리의 사랑은 부모로부터 혹은 학교에서 그리고 미디어 혹은 사회로부터 익숙한 것에 의해 코드화 되어 있다. 그래서 사랑을 하는 것이 아니라 오랫동안 습득된 사랑을 반복적으로 무한 재생하는 것이 된다.

에리히 프롬은 《사랑의 기술》이라는 저서에서 인간은 본래적으로 불안한 존재라고 한다. 불안한 존재인 인간은 존재론적으로 사랑을 통해 불안을 극복하고자 한다. 사랑을 통해서 자아와 타자의 영원한 합일을 추구한다. 그러나 자아와 타자의 영원한 합일은 쉬운 일이 아니다. 더구나 생명을 존중하고 존재 그 자체를 존중하는 삶이 아닌 소유의 가치를 절대화 하는 사회에서 사랑은 소유로 이해된다. 소유가 사랑이라고 코드화된 사회에서 사람들은 소유적 사랑을 사랑으로 착각한다. 그래서 사랑을 할 수 없다.

프롬은 존재적 사랑을 위해서 사랑하는 능력 즉 기술(love is art)이 필요하다고 했다. 이는 벨 훅스 역시 마찬가지이다. 그녀는 많은 사람들이 사랑이 만병통치약처럼 작용해서 모든 불행을 종식시키고 행복과 안전한 삶을 보장할 것이라고 생각하는 것은 자아도취적인 환상일 뿐이라고 말했다. 사랑은 상대방인 타자가 영원히 주는 것이 아니라 자신과 타자의 성장을 위해 자아를 확대하려는 의지인 것이다(벨 훅스, 2004:130). 자아의 의지인 사랑은 나와 타자의 상황과 관계성을 통해 성장하는 것을 목적으로 한다. 그리고 사랑의 성장은 존재적 기쁨이자 그 자체가 목적이 된다. 사랑하는 사람을 통해 생명을 느낀다. 동사적인 의미에서 사랑은 지금 현재의 삶 속에서 실천하는 행위이다. 따라서 우리에게 필요한 것은 사랑의 능력이다.[1)]

2. 사랑은 배워야 성장하는 것이다

이렇게 사랑을 동사적으로 이해하려면 사랑은 태어나면서 자연스럽게 형성되거나 수동적인 어떤 상태가 아니라는 것을 자각해야 한다. 사랑은 자발적으로 선택하는 행위다. 그리고 사랑은 나의 부족함을 채워줄 것 같

---

1) 사랑을 동사로 이해했을 때, '나는 현재 어떤 사랑을 하고 있는가?' 라는 질문을 던지고 삶 전체를 성찰하게 된다. 왜냐하면 한 사람의 사랑의 방식은 대상에 따라 달라질 수 없다. 부모에 대한 사랑, 이성 간의 사랑, 부부 간의 사랑의 방식은 유사할 수밖에 없나. 가령 부모님에 대한 사랑의 감정을 표현하지 못하는 사람은 연인 사이에서도 사랑의 표현이 서툴 것이기 때문이다.

은 타자를 사랑하는 것이 아니라, 나의 성장과 타자의 성장을 목적으로 하기 때문에 생명의 충실성이다. 그리고 사랑은 자존감, 타자에 대한 배려와 존중, 수용, 정직, 솔직성, 대화능력, 친밀감, 성실성, 인내, 책임감 등의 자세가 필요하다.

스턴버그(R. Sternberg)는 《사랑의 심리학》에서 사랑에 대한 삼각이론을 제시하였다(로버트 스턴버그, 2003: 44). 그는 사랑에는 세 가지 구성요소, 즉 친밀감, 열정, 약속/책임의 능력이 있어야 한다고 하였다. 첫째, '친밀감'이란 사랑하는 관계에서 가깝고, 서로 연결되어 있고, 맺어져 있다고 느끼는 '정서적 상태'를 말한다. 흔히 사랑할 때 느끼는 따뜻한 정서의 체험이 바로 그것이다. 사랑하는 능력 가운데 친밀감은 사랑하는 사람의 행복을 증진시키고자 하는 욕망, 사랑하는 사람과 함께 있고 싶은 것, 사랑하는 사람에 대하여 존중하는 마음, 어려울 때 사랑하는 사람에게 의지할 수 있는 것, 상호 이해의 정신, 나와 내 소유물을 사랑하는 사람과 함께 나누어 갖고 싶은 것, 사랑하는 사람에게서 정서적 지지를 받는 것, 사랑하는 사람을 격려하고 위로하는 것, 의사소통을 할 수 있는 능력, 사랑을 소중히 여기는 것 등이 포함된다. 친밀감은 사랑하는 연인과 모든 것을 같이하고 싶고, 알고 싶고, 같이 있고 싶어 하는 정서이다. 친밀감은 지속되는 정서일 수 있다. 그래서 연인들은 오랜 시간 같이 있고 싶어 한다. 어쩌면 연인들은 일상의 사소한 것들도 함께해서 즐겁고 행복하다.

그리고 연인 사이의 친밀감을 두텁게 하기 위해서는 대화를 자주 한다. 친밀감은 나도 행복해야 하지만 상대방 즉 타자도 행복해야 유지되는 정서이다. 연인의 행복감은 대화를 통해서 서로 나누어야 상승한다. 대화를 통해서 서로의 정서를 이해하고 존중할 때 친밀감이 유지된다.

간혹 주위에서 연인과 함께 있으면 저절로 친밀감이 생기고 유지되는 것으로 오해하는 경우가 있다. 그러나 저절로 형성되는 친밀감은 없다. 연인끼리도 노력해야만 유지될 수 있는 것이 친밀감이다. 따라서 친밀감을 유지하기 위해서는 자신이 느끼는 것을 정직하고 솔직하게 이야기할 수 있는 표현 능력과 상대방의 이야기에 귀를 기울일 수 있는 듣기 능력이 있어야 한다. 그리고 서로의 마음을 인정하고 수용하기 위한 대화를 해야 한다. 대화는 언어와 비언어로 구성된다. 표정, 말투, 태도를 통해 그 사람의 정서를 짐작하는 경우가 많다. 따라서 자신의 대화 패턴과 버릇에 세심한 관심을 가지며, 자신의 비언어적 태도가 상대방에게 온전히 이해될 수 있도록 노력해야 한다. 그리고 친밀감을 형성하기 위한 대화는 소통을 목적으로 해야 한다. 대화의 목적이 상대방을 평가·비난하는 것이 아님을 유의해야 친밀감이 형성된다.

둘째, 열정은 로맨틱한 감정을 일어나게 하거나 신체적 매력을 느끼고 나아가 성적 매력을 느끼게 하는 것이다. 이성 간의 사랑에서 성적 매력과 욕구는 열정을 갖게 하는 동기이다. 열정은 친밀감과 다르게 순간적으로 생기기도 하고 그 열기가 금방 식어버리는 경우도 있다. 열정 때문에 우리는 한순간에 사랑에 빠지기도 한다. 그런데 열정이 갖는 강렬함에 익숙해지면 열정적인 사랑에만 중독이 될 수도 있다. 그래서 열정이 식으면 사랑이 아니라고 생각할 수도 있다. 그런데 열정은 오랫동안 지속될 수가 없다. 우리는 흔히 "사랑의 유효 기간은 언제까지인가요?", "사랑은 변하는 것인가요?"라는 궁금증을 갖는다. 열정은 인간의 생리적인 특징인 호르몬의 변화를 수반하기 때문에 지속될 수 없는 정서이다. 열정에만 집착하면 성적인 욕구에만 매달릴 수 있고 성을 사랑으로 착각하여 성적인 매력을 사랑의 능력으로 생각하는 편견에 빠질 수 있다. 더구나 요즈음 소비문화는 물질, 외모를 열정의 필요충분조건이라고 조장한다. 그래서 연인을 사귈 때 경제적 능력, 외모, 신체적 매력을 우선적으로 생각하는 경우가 있다. 사랑의 능력을 소비의 능력으로 등가교환하는 것이다. 그러나 사랑은 소비의 능력이 아니다. 소비의 능력이 열정을 유지시켜주지 않는다.

셋째, 약속/책임(committment)은 사랑의 의지적 특징으로 누구를 사랑하겠다는 단기적 약속과 그 사랑을 계속 지키겠다는 장기적 책임을 의미한다. 약속과 책임은 언제나 함께하는 것은 아니다. 때로는 사랑하겠다는 약속이 그 사랑을 계속 지키겠다는 책임을 수반하지 않을 때도 있다. 그렇지만 사랑의 약속은 지키기 위해 노력해야 한다. 그리고 사랑은 나와 연인의 존재론적 성장에 실존적 책임을 갖는 것이다.

이상 스턴버그가 제시하는 사랑의 세 가지 능력을 고찰하였는데 그는 세 가지 능력이 적절하게 삼각형을 이룰 때 바람직한 사랑이 이루어진다고 하였다.[2)]

사랑을 하기 위해서는 스턴버그가 제시한 사랑의 능력 이외에 인간적인 가치를 사랑하고 존중하는 능력, 영혼을 사랑하고 지향하는 능력, 상호 발전하고자 하는 능력, 배려의 능력 등이 필요하다. 특히 그 사람의 영혼을 사랑하는 능력이 필요하다. 왜냐하면 사랑은 신체적 · 정서적 · 지성적 · 영혼의 성장에 영향을 주는 사건이기 때문이다.

따라서 사랑의 능력은 배워야 한다. 즉 사랑의 능력은 학습처럼 배워야 하는 것이다. 우리는 어린 시절부터 사랑의 능력을 부모의 양육태도에서 배운다. 어린 시절 부모에게 안정적인 사랑을 받은 경험이 있으면 그 사랑의 경험이 원동력이 되어서 성숙한 사랑을 할 가능성이 있다. 반면 부모에게서 거부나 부인(否認)의 경험은 타자의 사랑이나 인정에 집착하고 의존적인 사랑을 할 가능성이 있다. 따라서 어린 시절 배운 사랑의 능력이 청소년기나 성인이 되어서도 작동하게 해서는 안 된다. 만약 사랑에

---

2) 스턴버그는 이 세 요소의 상대적 크고 작음에 따라 우정 같은 사랑, 정열적인 사랑, 숭늉처럼 미지근하지만 그런대로 일생을 함께 늙어가며 이루어가는 사랑 등 여러 사랑의 형태가 생겨난다고 했다. 그는 친밀감 요소만 있는 경우는 '좋아함', 열정 요소만 있는 경우 '도취성 사랑', 약속/책임 요소만이 있는 경우 '공허한 사랑', 친밀감과 열정 요소가 결합된 경우 '낭만적 사랑', 친밀감과 약속/책임 요소만 있는 경우 '우애적 사랑', 열정과 약속/책임 요소가 결합된 경우 '얼빠진 사랑', 친밀감과 약속/책임 요소가 결합된 경우 '성숙한 사랑', 모든 요소들이 부재할 경우는 '사랑이 아닌 것'이라고 하였다

대한 진지한 성찰 그리고 어린 시절의 학습된 태도로부터 일정한 거리 두기(proper distance)가 없으면 즉흥적이고 즉각적인 반응과 태도를 가질 수 있다. 어린 시절 받은 사랑의 경험은 양면성을 지닌 정서적 경험이다. 어린 시절 양면적인 정서적 경험을 성숙한 태도로 변화시킬 수 있는 힘은 자신의 내적인 성장 의지이다.

어린 시절 부모에게서 상처받은 경험으로 사랑에 서투르다고 하자. 그렇다고 해서 자신의 유년기 경험 때문에 열등감을 갖거나 부모 탓을 하는 것은 미성숙한 태도이다. 어른이 된다는 것은 나의 정서를 선택할 수 있음을 의미한다. 그리고 그 선택의 책임은 나에게 있다. 그리고 어린 시절 받은 정서적 상처는 자신이나 주위의 믿을 만한 대상에게서 사랑이 채워지면 회복될 수 있다. 단지 기억해야 할 점은 '나는 사랑받을 만한 존재야', 혹은 '나는 그 자체로도 소중한 존재야'라는 의식을 스스로 회복하려는 노력이 필요하다. 그리고 내적인 힘은 '나'라는 존재를 존재 그 자체로 존중하고 사랑하려는 의지에서 비롯된다.

우리는 사랑의 능력을 성장시키기 위해 매일 노력해야 하고 나 자신을 소중히 여기는 습관을 가져야 한다. 그리고 나를 고차원적으로 성장시키려는 의지가 있어야 한다.

이제 우리 스스로 물음을 던져 보자. 나와 타자의 사랑을 위해 노력하고 있는가, 나는 세상과 세계를 매일 새롭게 만나고 있는가, 나는 타자에 대해 열린 마음을 갖고 있으며 개방적일 뿐만 아니라 수용적인가, 나는 매일 성장하고 있는가 등에 대해 물음을 던지고 실천으로 응답하는 자세를 가져야 한다.

3. 우리는 현재 어떤 사랑을 선택하고 있는가?

앞서 보았지만 사랑에는 사랑할 수 있는 능력이 필요하다. 물론 이러한 사랑의 능력은 사랑의 전제조건이 되기도 하지만 사랑을 통해 성장하기도 한다. 사랑을 통해 서로가 자유롭고 성장을 해야 하는데, 상대방을 소유하고자 하는 질투와 집착 때문에 힘들어지는 경우도 있다. 그 결과 상대방은 이별을 원하는데 이별을 못하고 자신과 연인을 파멸로 이끄는 경우도 없지 않다.

성숙한 사랑을 하지 못하고 사랑을 파멸 혹은 파괴로 이끄는 것에 대한 여러 연구가 있다. 특히 심리학에서는 〈표 4-1〉처럼 사랑이 파멸 혹은 파괴로 끝나는 이유를 어린 시절 애착 경험에서 찾는 연구들이 있다.

〈표 4-1〉 애착 이론가들의 애착 유형

유형	내용
안정애착	엄마와 안정적으로 애착된 아기는 엄마와 함께 있는 동안 적극적으로 주변 환경을 탐색하고, 엄마와 분리되면 눈에 띄게 불안정해지지만 엄마가 돌아오면 엄마를 따뜻하게 맞이한다. 또한 안정적으로 애착된 아기는 엄마가 있는 상황에서 낯선 사람과도 잘 지낸다.
저항애착	저항애착을 보이는 아기들은 엄마가 옆에 있어도 주변을 탐색하지 않고 엄마 가까이에만 있으려고 하며, 엄마가 떠나면 상당한 스트레스를 받는다. 엄마가 돌아왔을 때 이 아기들은 화가 난 것처럼 보이고 엄마가 안아주려고 하면 저항한다. 이 아기들은 엄마가 옆에 있어도 낯선 사람에 대해 경계하는 모습을 보인다.
회피애착	이 아기들은 엄마와 분리되어도 크게 스트레스를 받지 않으며, 엄마가 다가오면 엄마를 무시하고 돌아서는 모습을 보인다. 낯선 사람에 대해 크게 거부하거나 피하지 않지만 때로 뚜렷한 이유 없이 사람들을 피하거나 무시하는 모습을 보일 수도 있다.
혼란스러운 애착	이 형태의 애착을 보이는 아기는 낯선 상황에서 가장 스트레스를 많이 받고 불안정한 모습을 보인다. 엄마가 나갔다가 다시 돌아왔을 때 아기들은 멍해지고 얼어붙은 듯 행동하며, 엄마 주위를 움직이다 엄마가 다가오면 갑자기 멀리 피하기도 한다.

이들 연구에 의하면 유아의 안정적인 애착의 경험 즉 양육자에게서 느끼는 따뜻함과 신뢰감, 안전감이 성숙한 사랑을 위한 토대가 된다. 왜냐하면 아기가 태어나서 자신을 보살피는 양육자와 상호 작용하는 애착을 경험하면 성장해서도 성숙한 사랑을 하려고 하기 때문이다. 이들은 유년기의 애착 경험이 타자에 대한 패턴 즉 '내부 작동 모델'이 된다고 보았다.

또한 이들은 애착경험에 따라서 사랑을 분류하는데 Lee(1973)는 낭만적 사랑(Eros)과 유희적 사랑(Ludus), 그리고 우정적 사랑(Storge), 그리고 소유적 사랑(Mania)과 논리적 사랑(Pragma), 이타적 사랑(Agape)으로 분류한다. 사랑의 종류를 애착경험과 관련해서 구체적으로 살펴보자(로버트 스턴버그, 2003:7~17).

첫째, 낭만적 사랑은 열정적인 사랑이다. 낭만적인 사랑을 하는 사람들은 연인과의 강한 애정과 집착을 경험하며 사랑을 통해 강렬한 기쁨과 고통을 경험한다. 연인과의 사랑은 가슴을 설레게 한다. 심장이 떨리는 경험을 하는 사랑이다. 낭만적 사랑은 연인과의 사랑을 최고의 가치로 여긴다. 그래서 낭만적 사랑을 지키기 위해 용기가 있으며 헌신적이다. 로미오와 줄리엣, 춘향과 이몽룡은 낭만적 사랑의 전형이다.

둘째, 유희적 사랑은 사랑은 즐기기 위한 것이고 연인을 사랑하는 것은 도전이라고 생각한다. 유희적 사랑은 각자의 쾌락이 중요하다. 유희적 사랑을 하는 사람은 영원한 사랑을 약속하지 않는다. 그리고 연인 이외에 다른 상대와 사랑을 나누는 것도 가능하다고 생각한다. 이들은 상대방이 질투를 하면 이해할 수 없다. 질투가 오히려 사랑을 망친다고 생각한다. 유희적 사랑은 성적(sex)인 만족을 중시하지만 성에 대한 책임감은 없다. 사랑은 불나방 같은 것이기 때문에 찰나적인 사랑의 감정을 즐긴다. 이러한 유형의 사랑을 하는 사람은 사랑과 결혼을 별개의 사건으로 구분한다. 그리고 사랑이 결혼의 전제조건이라고 생각하지 않는다.

셋째, 우정적 사랑은 좋은 친구로서의 사랑이다. 함께 가까이 지내고 보니 서로 편안한 사이에서 나타나는 사랑이다. 연인끼리 취미도 비슷하고, 가치관과 신념도 유사하다. 그래서 말을 하지 않아도 소통할 수 있다. 그래서 이들은 친구와 같은 사랑을 한다. 대개 이런 사랑을 하는 사람들은 정서적인 안정감과 친밀감을 중시한다. 우정적인 사랑을 하는 사람들은 서로 떨어져 있어도 불안감을 별로 느끼지 않는다. 우정적인 사랑을 하는 사람들은 상대방의 신체적 매력과 함께 정신적이고 가치적인 매력을 중시한다. 우정적인 사랑을 하는 사람은 결혼을 소중한 친구 같은 동반자를 평생 얻는다고 생각할 수 있다.

넷째, 소유적 사랑은 상대방을 완전히 소유하는 것으로 흥분과 질투심을 동시에 느낀다. 소유적 사랑을 하는 사람은 연인에게 집착하기 쉽다. 서로 간에 편안함을 느끼기보다는 상대방이 나로부터 벗어날 것 같은 불안함에 시달린다. 그래서 서로에게 편안한 마음을 가질 여유가 없다. 자기가 준 사랑에 대한 확실한 보답의 증거가 불충분하다고 생각될 때면 분노하고 억울한 마음으로 가슴이 터질 것 같다. 연인이 조금이라도 배신의 기미가 보이면 뜨겁던 사랑이 하루아침에 질투와 증오의 감정으로 변해버린다. 소유적 사랑은 중독으로 변질되는 경우도 있다. 왜냐하면 소유적 사랑은 집착을 사랑으로 착각하는 경우가 많기 때문이다.

소유적 사랑은 상대방을 진정으로 좋아하는 것이라고 할 수 없다. 대개 소유적 사랑을 하는 사람들은 현재 생활에서 느끼는 외로움, 고독감, 불만족감에서 벗어나고자 연인에게 집착할 수 있다. 그리고 소유적 사랑은 상대방을 전혀 고려하지 않고 오로지 자신이 사랑받고 있음을 확인하는 데 집착할 뿐이다. 따라서 대부분의 연인 관계에 만족하지 못하며 상대에게 더 많은 애정과 헌신을 요구한다. 소유적 사랑의 왜곡된 형태가 마조히즘(masochism)과 사디즘(sadism)이다. 마조히즘은 가학적인 사랑을 즐기고 사디즘은 피학적인 사랑을 즐긴다. 소유적 사랑을 하는 사람의 경우 어린 시절 안정적 애착 경험보다는 불안정 회피 경험을 한 경우가 많다.

다섯째, 논리적 사랑은 자기가 원하는 배우자의 외모, 교육수준, 가정배경 및 성격 등에 관하여 구체적으로 기준을 정해놓고 있을 뿐만 아니라, 자기 자신의 장점과 약점까지도 충분히 고려하고 있다. 논리적 사랑을 하는 사람들은 실용적으로 사랑한다. 사랑의 조건이 구체적일 뿐만 아니라 사랑과 결혼은 경제적 안정감을 위한 것이라고 생각한다. 논리적 사랑은 조건과 조건의 결합이라고 생각하기 때문에 연인 사이의 친밀감이나 열정을 중시하지 않는다. 그러나 논리적인 사랑을 하는 사람들은 자신이 피해를 받으면 언제라도 이별을 고려한다. 그래서 논리적인 사랑을 하는 사람들은 삶에 대한 깊은 불안감이 있고, 자신감이 결여되어 있을 수 있으며, 어린 시절 안정적인 애착 경험이 낮다고 할 수 있다.

여섯째, 이타적 사랑은 아무 조건 없이 좋아하고 돌보아주며, 용서하고 베풀어주는 자기희생적 사랑 즉 아가페적 사랑이다. 이타적 사랑은 상대방이 필요로 하는 것을 베풀어주는 것이 사랑이며, 연인의 의무라고 생각한다. 진정한 사랑이란 받는 것이 아니라 주는 것이며, 자기 자신보다는 사랑하는 사람의 행복과 안녕(安寧)을 더 생각하며, 상대방의 성장을 위해 자신의 것을 포기할 수도 있다. 이타적 사랑을 하는 사람들은 상대방이 자기에게 큰 심리적 고통을 안겨줄 때에도 너그러운 자비심을 베푼다. 그리고 상대방의 행동은 어쩔 수 없었다고 받아들인다. 이타적 사랑을 하는 연인들은 사랑하는 사람을 위해 헌신적으로 뒤에서 지지하고, 오랜 시간이라도 그 사람의 아픔과 고통을 함께한다. 그리고 그가 성장할 때까지 기다리고 적극적으로 도움을 준다. 이타적 사랑은 종교적 차원까지 간 사랑이라고 할 수 있다. 연인을 구원하는 구원자로서의 모습이 이타적 사랑이다. 그러나 이타적 사랑이 지나치면 자신은 물론 연인도 불행할 수 있다.

그런데 한국 미혼 남녀의 사랑 유형에 대한 조사결과에 의하면 남자들은 열정적인 사랑과 유희적 사랑, 이타적 사랑을 선호하고, 여성들은 유희적 사랑, 소유적 사랑, 논리적 사랑을 선호한다고 한다(한송이·홍혜영, 2010:42).

물론 시대적 상황과 문화적 특성에 따라 남녀 사랑의 유형은 변하고 있다. 이는 사랑이 개인의 성향뿐만 아니라 사회문화에 영향을 받는 것을 나타낸다. 88만 원 세대를 규정할 때 사랑보다는 독신을 선택하고 결혼을 꺼릴 뿐만 아니라 모든 것을 포기한다는 '다포세대'라고 명명하는 것 자체가 이러한 사실을 반증하는 사례이다.

사회학자 브로디외(Bourdieu)는 인간의 취향 즉 아비투스(habitus)는 개인적 차원이 아니라 경제적 · 사회적 · 문화적 자본과 상징적 자본을 통해 형성되는 취향 즉 태도라고 보았다. 따라서 아비투스에 포함되는 사랑도 한국사회의 문화적 경향을 나타낸다고 할 수 있다. 그러므로 청년기에는 자신이 어떤 사랑을 선호하는지 그 원인을 사회문화적 차원과 개인적 차원에서 분석할 수 있어야 하며 성숙한 사랑을 위해 노력해야 한다.

4. 이별에도 예의가 필요하다

사랑은 인간의 정서적 상태이기 때문에 사랑과 이별은 동전의 양면이다. 사랑하면 이별할 수 있고, 이별하면 새로운 사랑을 시작할 수 있다. 그런데 누구든지 사랑을 선택할 수 있다면 이별도 그러하다. 물론 사랑도 이별도 쉽지 않다. 특히 이별은 상실을 의미하기 때문에 어렵고 두렵다. 그래서 이별이 두려워서 사랑을 시작조차 하지 않으려고 결심하는 경우도 있다.

그런데 우리가 사랑을 시작하기도 전에 이별을 두려워하는 이유는 무엇때문일까? 무엇보다도 사랑은 선택하는 행위임을 자각하기 못하기 때문이다. 사랑을 시작하는 과정을 보자. 사랑은 상대방에 대해 적극적인 관심을 갖는 것에서부터 시작된다. 다른 사람보다도 어떤 사람이 눈에 들어오고, 그 사람에 대한 생각에서 벗어날 수 없다. 그 사람의 안부가 궁금해지고, 그 사람이 무엇을 하고 있는지에 대해 관심이 간다. 그리고 그 사람이 내

눈앞에 있으면 안심이 되고 내가 아닌 다른 사람과 함께 있으면 질투가 생긴다. 그 사람이 자꾸 보고 싶어진다. 그러나 이 시기는 사랑이 아직 시작되지 않은 때이다. 사랑은 서로에게 특별한 관심이 있다는 것이 확인되면서부터 열정적으로 시작된다. 이 시기가 되면 연인의 사랑은 열정적이 되고 그 사랑이 모든 것을 이루어줄 것 같은 환상을 심어준다. 그 사람으로 인해 온전한 사랑에 이른 느낌을 갖게 되며, 세상을 다 얻은 기분이다.

물론 사랑의 열정이 오래 지속되는 것은 아니다. 그래서 사랑을 지속하기 위해 노력한다. 그리고 궁금해진다. 이 사랑의 의미는 무엇인가? 상대방은 나에게 어떤 존재인가? 그리고 이 사랑을 유지할 것인가 혹은 결혼을 할 것인가를 고민하기 시작한다. 사랑이 결혼으로 이어지기도 하지만 이별을 선택할 수도 있다. 이렇게 볼 때 사랑은 매 순간 선택의 과정이다. 이별은 사랑의 선택과정 중 하나일 뿐이다.

대부분의 연인들은 사랑을 통해 성장하고 성숙해진다. 서로 다른 존재가 만났기 때문에 연인 사이에 생기는 갈등을 조절하고 화해하는 과정을 통해 서로를 존중하고 사랑하는 법을 배운다. 그리고 나와 다른 타자로서 연인과 살아내고 버티는 것을 통해 인간적으로 성장한다. 사실 인간은 사랑을 통해서만 성장할 수 있다.

그런데 사랑의 과정에서 나와 다른 타자를 만났기 때문에 이별을 경험한다. 이별은 사랑하는 연인의 상실을 의미하기 때문에 아픔이다. 그리고 내가 원하지 않는 이별을 할 수도 있다. 그런데 이별을 선택했다고 해서 그 사랑이 미완성이거나 아름답지 않는 것은 아니다. 이별도 사랑에 포함된다. 어떤 사랑은 이별을 해야만 하는 경우도 있다.

이별을 할 때는 나 자신은 물론 상대방에 대해서 인간적인 예의가 필요하다. 즉 이별할 때 상대방에게 모욕을 준다든지 혹은 상대방을 비난하는 것은 옳지 않다. 상대방에 대한 과도한 집착도 바람직하지 않다. 상대방에 대한 비난, 모욕, 집착은 사랑의 진정한 의미마저 훼손시킨다.

따라서 이별을 할 경우 우리는 내 사랑에 대해 진지하게 물어보아야 한다. 그 사랑이 온전한 사랑이었는지 혹은 나의 공허함과 결핍을 채워줄 것 같아서 시작한 사랑인지를 성찰할 필요가 있다. 내 공허함과 결핍감에서 시작한 사랑은 온전한 사랑으로 완성될 수 없다. 상대가 나의 공허함과 결핍을 채워줄 것 같아서 시작한 사랑은 이별로 끝날 가능성이 높다. 왜냐하면 이 세상 누구도 나의 공허함과 결핍감을 채워줄 수 없다. 그 사람은 나와 다른 욕구를 지닌 사람이기 때문에 나의 욕구를 채워줄 수 없다. 그 사람이 나의 욕구를 채워줄 것이라는 욕구는 허망한 기대일 뿐이다.

사랑은 '나와 너'가 존재적으로 만나는 것이다. 존재적 사랑은 서로 성장함에 있다. 그리고 서로 세심하게 보살피고 진정으로 아끼면서 소통해야 한다. 이러한 존재적 사랑은 이별도 두려워하지 않는다. 나와 다른 사람이기에 그 사람의 이별도 인정해주는 것이 연인에 대한 최소한의 예의이다.

5. 서로의 고유성을 인정하는 진정한 사랑

우리는 사랑을 반드시 해야만 하는가? 요즈음 '모태솔로'라는 말이 있다. 사랑을 하지 않으면 비정상적인 사람으로 취급하는 경우가 있는데 사랑을 하지 않으면 비정상적인 사람인가?

이 세상에는 혼자 있어도 전혀 외롭지 않은 사람, 가족은 없어도 친구들이 있어서 전혀 불행하지 않다는 사람들이 얼마든지 있다. 사랑은 본능적인 것이 아니다. 요즘에는 사랑은 하지만 결혼을 하지 않고 독신으로 사는 사람들도 있다. 남녀 간의 사랑은 선택일 뿐이다.

사랑을 선택하려 하는데 사랑을 쉽게 하지 못한다면 그 원인은 찾아보아야 한다. 사랑을 연구하는 학자들에 의하면 완벽한 사랑을 추구하는 사람은 사랑을 잘하지 못하며 상대에게 거부될 것이라는 불안감을 가진 사람도 사랑을 잘하지 못한다고 한다. 그리고 분개하고 남을 비방하는 태도를 가진 사람도 사랑을 잘하지 못한다고 한다(김중술, 2005:199~210). 물론 폭력적이고 닫힌 사회도 사랑을 할 수 없게 만든다.

우리가 사랑을 선택한 이상 최고의 사랑을 하고 싶을 것이다. 그러나 연인 사이에 언제나 좋은 감정만 교류되는 것이 아니고 기쁨과 슬픔의 쌍곡선이 교차된다. 처음에 사랑은 공감하는 것에서부터 시작하지만 사랑이 깊어질수록 갈등, 고통, 비참함, 불행을 경험할 수도 있다. 연인 때문에 행복하기도 하지만 자신의 자유가 구속되는 느낌도 있다. 물론 연인의 구속은 달콤하지만 때로는 고통스럽다. 따라서 이러한 고통을 연인과 함께 지혜롭게 극복하는 태도가 필요하다. 사랑은 연인과 좋은 것, 좋은 면만 공유하는 것이라는 생각은 착각이다. 사랑은 모든 것을 나누고 함께한다. 그래서 사랑은 오래 참음이고 나눔이다. 왜냐하면 사랑을 나누는 과정에서 나와 다른 타자를 발견하기 때문이다. 즉 나와 다른 타자의 모습을 통해 각자의 고유성을 발견하고 이를 사랑하기 위해서는 오래 참음의 경지까지 가야 한다. 오래 참음의 과정에서 사랑하는 연인은 서로 치유되고 성장한다.

사랑과 결혼은 어려운 인간관계이다. 예컨대 결혼 전에는 모든 것이 잘될 것 같지만 막상 결혼 이후에는 사소한 문제가 큰 어려움으로 다가오는 것이 우리의 일상이다. 그런데 사랑과 결혼의 행복은 각자가 얼마나 고유한 존재임을 자각하는 데 있다. 우리는 각자 다른 별에서 살다가 지구라는 낯선 행성에 떨어진 존재들이다. 우리 모두는 취미와 사고체계, 신념, 정서, 지성, 행동에서 차이가 난다. 연인이라고 해서 나와 동일한 존재가 아니다. 즉 양치질하는 습관에서 잠자는 버릇까지 모든 것이 다른 존재일 뿐이다. 그리고 나의 연인은 나와 다른 존재이기 때문에 존엄하고 귀한 존재인 것이다. 결혼도 마찬가지이다. 서로 다른 존재가 만나서 고유함을 잃지 않고 함께 성장하는 것이 결혼이다. 서로 다른 가치를 가진 배우자와 결혼 후 그 고유성 즉 차이를 어떻게 극복하느냐 하는 것이 행복한 결혼생활의 비결이다. 부부의 연을 맺고 행복이 영원하기를 기약하지만 결혼은 한편으로는 새로운 책임의 시작이다. 그 책임은 자연적으로 이루어지는 연인관계와 다르게 인위적이고 인륜적인 책임이다. 그렇기 때문에 결혼은 책임 속에서 존재적 자유를 만끽함으로 꽃을 피우는 것이라고 할 수 있다.

그런데 요즈음 사랑과 결혼을 구속이라고 생각하고 그 구속을 벗어나려고 이별을 선택하는 과정에서 연인이나 배우자 사이에 폭력을 사용하는 경우도 있다. 우리는 인간으로서 누구에게든지 폭력을 행사해서는 안 된다. 더구나 사랑의 이름으로 폭력을 휘두르는 것은 용서받을 수 없는 비도덕적인 행위이다.[3)]

우리의 일회적인 삶을 풍요롭게 해주는 것은 누군가를 사랑하는 것이며, 나를 사랑해주는 누군가가 있다는 것이다. 나아가 서로 사랑하고 있다는 느낌이다. 사랑은 인간세상을 희망으로 만드는 마법과 같은 역할을 한다. 만약 인류에게 사랑이 없는 삶을 상상해보라. 이 상상 앞에서 우리는 사랑이 주는 치유의 힘을 발견할 수 있다. 사랑하자. 자유롭자. 성장하자. 사랑의 생명 에너지를 통해 행복하자.

---

3) 사랑하는 연인들 사이에 발생하는 폭력 가운데 하나가 데이트 폭력이다. 데이트 폭력은 신체적 폭력, 상대를 감시하고 통제하고 협박하는 정서적 폭력, 폭언을 일삼는 언어적 폭력, 갈취 등을 일삼는 경제적 폭력, 원하지 않는 신체 접촉, 음담패설을 강요하는 성적 폭력 등이 있다. 그런데 2014년 한국 여성의 전화에 접수된 데이트 폭력 상담 중 215건이 정서적 폭력이었다고 한다. 대학생들이 상담한 정서적 폭력에는 상대방의 휴대전화, 이메일, 블로그를 점검하거나 누구와 함께 있는지 수시로 확인하고, 옷차림을 제한하고 학과, 동아리 활동을 못하게 하는 경우, 다른 이성을 만나는지 의심하는 등 정서적으로 학대하고 괴롭히는 행동을 사랑이라는 이름으로 미화하는 경우가 있다고 한다.

▶ 미드나잇 인 파리 (Midnight In Paris, 2011)

- 감독 : 우디 앨런.
- 주연 : 오웬 윌슨, 마리옹 꼬띠아르 외.
- 장르 : 코미디, 멜로.
- 상영시간 : 94분.

과거를 동경하는 '로맨티스트'이자 '트로츠키'인 주인공 길은 파리의 풍경에 푹 빠져 있다. 1920년대에 살았던 빗속의 작가들과 예술가들을 상상하며 약혼녀 이네즈에게 결혼해서 이곳에 살 생각이 없는지 물어본다. 이네즈는 전혀 그럴 생각이 없다. 이네즈에게 파리는 그저 촌스러운 도시일 뿐이다. 이렇게 이네즈와 길은 다르다. 그는 이네즈를 만나면서 공황발작까지 생겼지만 결혼하면 좋아질 거라 생각하고 참는다. 그녀랑 결혼할 예정이니 그녀를 사랑해야 한다고 말한다. 그는 이네즈를 사랑해야 한다는 강박관념을 가지고 있는 듯하다. 큰일을 처리할 때조차도 이네즈와 의견이 맞지 않지만 그래도 그는 이네즈를 사랑하고 있고, 이네즈와 결혼해야 한다는 일종의 환상에 빠져 있다. 그래서 그는 슬픈 눈을 가지고 있다. 이네즈는 길에게 잘 맞지 않는 환상 같은 것이다. 결혼하면 달라질 거라는 막연함을 주는 그런 환상 말이다. 하지만 그는 환상을 현실로 착각하고 있는 게 아닌가. 이런 때 그는 혼자 파리를 산책하다가 1920년대의 파리로 시간 여행을 하게 된다. 환상이 실제가 되는 순간이다.[4]

---

4) 본 영화는 사각형 프리즘에 속해 있는 초등학교 선생님들과 비평을 한 작품이다.

생각해봅시다.

1. 사랑의 동사적 의미는 무엇인가?
2. 사랑이 나를 성장시키려면 어떻게 해야 하는가?
3. 내가 생각하는 이상적인 사랑의 모습은 어떠한가?
4. 연인 사이에 갈등이 발생했을 때 어떻게 해결하는가?
5. 사랑을 권하는 사회는 어떤 사회인가?
6. 나의 결혼 생활을 상상해보라.

[도움 줄 책]

- A. M. 파인스. 윤영삼 역(2005). 《LOVE: 사랑에 대해 알아야 할 모든 것》. 다산초당.
- 에리히 프롬. 황문수 역(2006). 《사랑의 기술》. 문예출판사.
- 벨 훅스. 윤길순 역(2004). 《사랑의 모든 것》. 동녘.
- 한나 아렌트 외 2인. 서유경 역(2013). 《한나 아렌트: 사랑개념과 성 아우구스티누스》. 텍스트.
- 로버트 스턴버그. 최연실 역(2003). 《사랑의 심리학》. 하우기획출판.

제5장

인간관계의 기쁨을 누리려면 어떻게 해야 할까?

인간관계의 기쁨을 누리려면 어떻게 해야 할까?

인간은 누구나 관계를 형성하고자 한다. 인간을 의미하는 '인(人)'은 서로 기대하고 의지한다는 것을 의미한다. 인간은 관계를 맺고 유지하는 것을 통해 성장하고 발전한다. 만약 인간이 관계를 맺을 수 없다면 인생은 오아시스가 없는 사막과 같을 것이다.

미디어 세대인 요즈음 청소년들은 인간관계를 절실하게 바라면서도 힘들어 하는 경우가 종종 있다. 태어나면서부터 인간적 만남보다 미디어를 접한 미디어 세대는 미디어를 통해 느끼고 사고하고 행동하는 것이 익숙하다. 따라서 이들은 미디어로 소통한다. 그런데 문제는 미디어가 소통의 도구이지만 인간관계를 보장해주지 않는다. 왜냐하면 인간관계는 얼굴과 얼굴을 마주해야 느낄 수 있는 기쁨이기 때문이다.

인간관계에 대한 본질적인 연구를 한 마르틴 부버(Martin Buber)는 인간이 인간다울 수 있는 것은 진정한 만남을 통해서만 가능하다고 했다. 그는 일방적이고 억압적이며 폭력적인 관계가 아닌 상호적이고 평등한 관계에서 이루어지는 만남이 존재론적인 인간관계라고 하였다.

인간관계가 중요한 이유는 인간이 나와 너의 만남 속에 있는 '사이 존재'이기 때문이다. 인간은 나와 너 사이에 존재하는 '사이 존재'이다. '사이 존재'로서 인간은 관계 즉 만남을 통해서만 존재를 만날 수 있다. 따라서 만남이 본실적인 것이다. 그러므로 인간관계 즉 만남은 주체와 객체

간의 수동적인 관계나 우연적인 것이 아니고 나와 너의 능동적이고 적극적인 '마주침' 이다. 그리고 만남은 나 또는 너에게 속한 것이 아니라 바로 우리에 속해 있기 때문에 본질적인 것이다.

> 만남은 결코 존재의 결핍 때문에 발생하는 것이 아니고 존재의 발견을 의미한다. 나는 너의 현존재를 통해 나의 현존재를 일깨운다. 즉 만남을 통해 나는 내가 여기 있다는 것을 깨닫는다.
>
> (마르틴 부버(2007). 《인간의 문제》. p.37)

사실 나와 너의 만남 즉 인간관계는 매우 중요하다. 그런데 인간관계를 형성하고 유지하는 것은 쉽지 않다. 이에 나와 너가 만나는 인간관계의 의미 그리고 이를 형성하기 위해 필요한 자세에 대해 구체적으로 살펴보자.

1. 존재론적으로 성장할 수 있는 토대로서의 인간관계

인간관계는 '둘 이상의 사람이 서로 관련을 맺음. 혹은 그런 관계' 라고 정의 내릴 수 있다. 인간관계는 나와 너 사이의 구성개념(construct)이다. 인간관계는 인간과 인간 사이에서 관계를 구성하고 유지하는 만남을 의미한다. 따라서 인간관계는 삶을 윤택하게 하는 윤활유이자 산소 같은 역할을 한다. 즉 진정한 인간관계는 고단하고 팍팍한 일상을 행복하게 만들어 준다. 그래서 인간은 태어나면서부터 인간관계를 형성하고 유지한다. 태어나서는 부모와 관계를 형성하고 유치원과 초등학교 입학하면서부터는 친구를 만난다.

초등학교 시기부터는 어떻게 인간관계를 맺는가에 따라 삶의 결이 달라질 수 있다. 인간관계가 정서적이고 심리적 안정에 영향을 주기 때문에 어린아이들에게는 누구와 친구를 할 것인가가 매우 중요하다. 학교를 졸업하고 직장생활을 할 때도 인간관계는 중요하다. 더구나 정보를 중시하는 현대사회에서 인간관계는 인적 자원이다. 인간관계가 자원인 것이다. 그래서 사람들은 다양한 인간관계를 형성하기를 원한다. 특히 우리의식을 존중하는 한국사회에서 인간관계는 그 자체가 사회생활이 된다. 그래서 학벌, 혈연, 지연을 통한 인간관계를 구축하기 위해 고군분투한다. 그러나 본래적 가치가 아닌 도구적 가치를 목적으로 하는 인간관계는 공허한 관계가 될 수밖에 없다. 왜냐하면 진정한 만남만이 본질적이기 때문이다.

부버는 인간관계를 두 가지 유형으로 분류한다. 먼저 개인의 물질적 필요나 조건에 의한 인간관계 유형으로 나와 사물을 의미하는 나-그것(Ich-Das)의 관계가 있다. 두 번째로 나와 너가 존재론적으로 만나는 나-너 (Ich-Dich) 관계로 이는 존재론적 관계라고 한다. 부버는 나와 너가 만나는 존재론적인 만남만이 인간이 존재론적으로 성장하는 데 기여한다고 보았다. 왜냐하면 나와 너의 관계는 너를 존재 그 자체로 존중하고 인정하는 만남이기 때문이다. 누군가가 길가에 핀 장미꽃을 아름답게 본다고 하자. 그때 장미꽃이 아름답다고 느끼는 것은 어떤 분석이나 논리적 이유 혹은 필요 때문이 아니라, 보는 그 순간 그저 아름답다고 느끼는 것이다. 이 경우 아름다움은 장미라는 존재 그 자체를 만나야 가능하듯이 나와 너의 인간관계도 그러하다(마르틴 부버, 2007: 32).

부버가 제시한 것처럼 인간관계는 기쁨과 성장을 위한 토대가 된다. 따라서 인간관계는 매우 중요하다. 그러면 존재론적으로 성장을 도와주는 나와 너가 만나는 인간관계의 특징은 어떠한가?

첫째, 존재와 존재가 만나는 인간관계이다. 존재와 존재가 만나는 인간관계는 나의 결핍이나 부족함을 채워주는 대상으로서가 아니라 생명 그 자체를 존중하고 귀하게 여기는 관계이다. 사실 대부분의 사람들은 나의 결핍이나 부족함을 채워줄 수 있는 타자를 찾고 그러한 관계망을 확대하기 원한다. 그러나 나의 결핍을 채워줄 수 있는 타자는 없다. 왜냐하면 결핍이나 부족함을 느끼는 것은 나의 욕구이기 때문에 타자의 욕구와 일치할 수 없다. 결핍이나 부족은 채워질 수 없는 영원한 간극이 있는 욕구이다. 자신의 결핍이나 부족함을 채우기 위해 타자를 조정하고 통제하려는 사람들은 불행할 수 있다. 왜냐하면 자신의 부족하고 결핍되었다고 느끼는 감정은 심리적인 열등감이나 소외감에 근원을 두고 있기 때문에 행복한 관계가 될 수 없다. 더구나 공허감 혹은 열등감에서 비롯된 인간관계는 관계중독으로 빠질 위험이 있다.

흔히 관계중독이 있는 사람들은 혼자 있는 것을 두려워하고 불안해 하기 때문에 이것을 회피하기 위해 관계에 집착한다. 이들은 인생이 늘 공허하다. 그래서 인간관계를 구축하고 한 사람과의 관계가 끝나면 이를 대처할 수 있는 사람을 찾아서 방황한다. 이들은 인간관계 형식이 중요하기 때문에 왜곡된 인간관계마저도 정리할 수 없다. 그리고 상대방의 요구에 거절할 줄도 모른다. 상대방의 요구를 거절하지 못하는 것은 관계 불안 때문이다. 이들은 상대방의 욕구와 필요에 관심이 없다. 오로지 자신의 불안하고 공허한 마음을 달래고 충족시키는 데만 관심이 있다.

관계중독에 빠진 사람은 관계를 맺는 것에 강박관념을 갖고 있다. 혼자서 길을 가면 누군가가 자신을 보고 손가락질을 할 것 같은 느낌이 들어서 둘 이상의 사람들과 함께하는 것을 원한다. 혼자서는 아무것도 할 수 없다. 누군가가 옆에 있어야 안심이 된다. 그래서 이들은 의존성이 강하다. 더구나 이들은 타자를 자신이 원하는 방식으로 조정하고 통제하려는 욕구도 강하다. 모든 인간관계는 '나'만을 위해 존재해야 한다. 그래서 타자를 내 마음대로 통제하려고 하지만 쉽지 않다. 따라서 관계중독에 빠진 사람들은 삶이 풍요로워지는 것이 아니라 비극적이다(조윤옥, 2014:414~415).

둘째, 상호 성장하는 인간관계이다. 상호 성장하는 인간관계는 당당하고 주체적이다. 인간관계를 주체적으로 형성한다는 것은 자발적으로 선택한다는 것을 의미한다. 주체적으로 선택하는 사람들은 분별력과 지혜와 따뜻한 정서와 신뢰를 바탕으로 인간관계를 형성한다. 이에 비해 비주체적으로 인간관계를 형성하는 사람들은 대체적으로 자신의 본래적 요구보다는 타자의 시선이나 평가와 인정을 얻기 위해 관계를 형성하거나, 나 자신을 위해 타자가 모든 것을 해줄 것 같아서 자신을 좋아하는 사람이면 무조건 수용하는 경우가 있다. 이 두 경우 모두 성숙한 인간관계 형성의 태도라고 할 수 없다. 이런 사람들은 주체성과 자존감이 결여되어 있기 때문에 다른 사람들의 평가와 인정에 온 신경을 쓴다. 이러한 사람들은 다른 사람들의 평가에 따라 자신의 행불행을 결정한다. 그래서 이들은 타자의 비위를 맞추거나 자신의 가치를 무시할 수 있다. 이런 사람들은 자존감을 높이기 위해 노력해야 한다. 자존감 즉 자아존중의식은 자신을 있는 그대로 인정해주는 당당함이다.[1] 자존감은 그 사람의 업적이나 성과 여부가 아닌 존재 그 자체가 아름다운 것이다. 그러나 자존감이 낮고 열등감이 있으면 자신을 하찮은 존재로 여기기 때문에 주체적으로 인간관계를 형성할 수 없다.

셋째, 대화가 가능한 관계이다. 대화라는 것은 나와 너가 소통하는 것을 의미한다. 대화는 인간과 인간이 만날 수 있는 통로이다. 대화는 일상적인 것에서부터 형이상학 혹은 사회적 현상까지 다양한 형태로 이루어질 수 있지만 무엇보다도 존재와 존재가 만나는 것이 중요하다. 가령 형식적인 수준이나 정보를 교환하는 정도에 그치는 대화는 기초적인 단계이다. 부버는 이러한 대화를 '무엇에 관한 대화'라고 한다. 무엇에 관한 대화는 정보를 교환하는 정도의 머무는 대화이고 일방적인 대화이다. 이러한 대화는 질문도 응답도 없는 메아리 없는 대화이다. 이에 비해 나와 너의 존재론적

1) 자아존중이란 개인이 자기 자신에게 관하여 관례적으로 유지하고 있는 평가를 말한다. 즉, 그것은 자기 자신을 수용하거나 거부하는 것을 나타내며, 개인이 자기 자신을 능력 있고, 의미 있고, 성공적이며, 값있다고 믿는 정도를 말한다. 자아존중은 개인의 자신에 대한 가치 판단(personal judgment of worthiness)이다. 자아존중지수는 많이 개발되었지만 대표적인 검사가 〈Coopersmth: 1967)의 자아존중검사(Self-Esteem Inventory: SEI)〉가 있다. 이 검사는 58개 문항으로 이루어져 있다(정익중, 2007:132).

대화는 '무엇을 향한 대화' 라고 할 수 있다. 무엇을 향한 대화는 타자에게 말하고 타자에게 향한 대화이다. 따라서 이러한 대화는 타자의 존재에 관심을 갖고 궁금해 하고, 타자를 살피고 사랑하는 대화이다.

향한 말의 대상은 인격적인 너로서 너의 언어의 주소지이고, 언어를 받아들이는 사람이다. 너가 그것에 있기에 나는 너에게 말하고 너에게 향한다. 이러한 너를 향한 말에서 말-대꾸, 질문-대답이 발생한다. 말-대꾸(Gegen-wort)와 질문-대답(Ant-wort)은 부정이 아닌 긍정적인 것으로 인간존재의 실존을 의미한다. 즉 질문은 너는 어디에 있는가이고 대답은 나는 여기에 내 방식으로 현존하는 것이다. 대답은 궁극적으로 인간의 존재방식을 의미한다(마르틴 부버, 2007).

그리고 서로가 연결되는 대화를 하기 위해 자신의 의견을 솔직하고 주체적으로 표현하는 것은 물론 타자의 이야기를 경청할 수 있는 공감, 감사, 연민 등의 자세가 있어야 한다.

넷째, 자신은 물론 타인의 삶에 존재적 책임감을 느끼는 관계이다. 여기서 책임은 자신의 행동의 결과를 수긍하고 이를 회피하지 않는다는 의미뿐만 아니라 타인의 부름의 호소에 응답한다는 것을 의미한다. 이러한 책임은 일방적이지 않고 호혜적이고 평등적이다. 그리고 타자의 행복 특히 고통에 민감하다. 그리고 그 고통에 공감하고 직면한다. 이외에도 성장하는 인간관계는 진정성, 배려, 예의, 친밀함 등이 있는 관계이다.

2. 인간관계를 맺기 위한 반성적 능력

주변에서 "인간관계가 힘들기 때문에 인간관계 기술을 배우고 싶다"라는 말을 하는 경우가 있다. 이러한 말은 인간관계 기술을 터득해서 인간관계를 원만하게 하고 싶다는 기대가 담긴 말이다. 과연 인간관계는 기술일까?

인간관계 기술만 터득하면 잘 유지될 수 있을까?

그러나 존재론적으로 성장하는 인간관계는 나와 너, 그리고 상황을 매개로 복잡하게 형성되기 때문에 일반화 할 수 있는 기술은 없다. 관계를 맺을 수 있는 방법을 안내할 수는 있지만 보편적으로 적용되는 방법은 없다. 사람은 변화하는 존재이고, 인간관계가 형성되는 상황과 맥락은 특수하기 때문이다. 즉 인간관계는 나와 너, 상황에서 이루어지는 특수하고 구체적인 것이다. 따라서 인간관계를 기술이 아닌 능력의 측면에서 생각해볼 필요가 있다.

사실 인간관계는 어린 시절부터 학습된다. 더구나 언어를 본격적으로 배우는 시기 이전에 배운 인간관계 태도는 원초적이고 감각적으로 내재화 되어 있을 수 있다. 그리고 이 시기에 배운 태도는 내재화 되어 지속적으로 영향을 준다.

자신이 좋아하는 사람과 싫어하는 사람의 목록을 작성해보라. 어떤 사람은 규칙을 잘 지키고 정의로운 사람을 좋아하는 반면 어떤 사람은 규칙적이고 융통성이 없는 사람이라고 싫어할 수도 있다. 사람에게는 좋아하는 사람과 싫어하는 사람에 대한 주관적인 기준이 있다. 그리고 주관적인 평가는 내재화 되어 있기 때문에 쉽게 변하지 않는다. 인간관계를 형성하는 데 있어서 보편적이고 객관적인 기준이 아니라 주관적인 기준이 내적 동기로 작용한다. 그런데 대부분의 사람들은 자신의 기준을 주관적인 것이 아니라 보편적이고 객관적인 기준으로 착각한다. 그래서 자신의 인간관계 패턴(pattern)에 대해 반성적 성찰을 해야 한다.

대부분의 심리학자들은 인간관계를 형성하는 태도가 유아기 시절에 학습된다고 한다. 가령 심리학자 아들러(Alfred Adler)는 부모의 양육 방식과 형제자매의 관계와 위치가 인간관계 태도에 영향을 준다고 보았다. 즉 그는 가족 내 출생순위가 개인의 생활양식 및 인간관계를 형성하는 데 영향을 준다고 했다. 이를 구체적으로 살펴보자.

① 맏이 : 맏이 즉 첫째는 부모로부터 전폭적인 관심을 받고 성장한다. 즉 맏이는 둘째가 태어나기 전까지 부모에게 안정적인 사랑을 받는다. 이들은 가족 내에서 무한한 권력을 행사할 수 있는 군주의 경험을 하기 때문에 권위가 주는 힘에 민감하다. 이들은 성장한 이후에도 권위를 유지하기 위해 노력한다. 이들은 규범과 질서에 순응하고, 목표를 성취하고자 하는 성향이 강하다. 맏이는 인간관계를 자기중심으로 형성하는 측면이 있지만 인간관계에 적극적이고 주도적이다. 그렇지만 인간관계를 자기중심으로 맺기 때문에 리더십이 강하게 보이지만 이로 인해 다른 사람에게 상처를 줄 수 있다. 저 사람이 내 편이라고 판단되면 인간관계를 유지하고 이들을 지키기 위해 의리를 지킨다. 자신을 배신하는 사람은 용서하지 않으며 타자를 지배하고 독점하려는 경향도 있다.

② 둘째 아이 : 둘째 아이는 맏이와 같은 정도로 가족의 권위를 부여받지 않았기 때문에 이와 관련된 염려가 없다. 이들은 맏이보다 진취적이고 낙천적이다. 행동의 결과를 두려워하지 않고, 과정을 즐기며 창조적이다. 이들은 인간관계를 자유롭고 창의적으로 형성한다. 규칙에 얽매이기보다는 자유를 존중한다. 인간관계를 유쾌하게 유지하지만 타자에 대한 특별한 의무감은 약하다. 서로의 필요에 의해 인간관계가 유지된다고 생각할 수도 있다.

③ 가운데 아이 : 형제자매 사이에 태어난 가운데 아이는 형제자매 사이를 비집고 들어간 느낌이다. 그래서 자신이 다른 형제자매들보다 불공평하게 대우를 받는다고 생각할 수 있다. 이들은 가족 내의 자신의 위치 때문에 가족 사이의 협상이나 대화의 기술을 터득한다. 이들의 대화 기술은 인간관계에서 타인들이 무엇을 원하는지를 이해하는 데 탁월한 능력으로 작용한다. 그래서 눈치가 빠르며 분위기를 원만하게 이끈다. 그러나 이들은 자신의 주장을 내세우기보다는 타자의 의견을 수동적으로 따를 수도 있다.

④ 막내 : 막내는 가족의 관심과 사랑의 중심적 위치를 즐길 수 있기에 타인의 요구를 잘 채워줄 수 있다. 이들은 사랑을 받는 데 익숙하기 때문에 인간관계에서도 인정과 사랑을 받으려고 한다. 자신을 사랑하는 사람들이 많으면 친밀하게 인간관계를 형성한다. 반면 이들은 인간관계가 형성되고 친밀하다고 판단되면 타자에게 지나친 관심과 사랑을 요구할 수도 있다.

⑤ **외동아이** : 이들은 가족 내에서 부여받은 권력이나 권위를 나눌 필요가 없고, 빼앗길 두려움이 없다. 그래서 이른 시기에 성숙하고, 성취동기가 높은 사람이 될 수 있다. 그리고 가족 내에서 혼자 보내는 시간이 많기 때문에 상상력이 풍부할 수도 있다. 그러나 외동아이는 가족의 지속적인 관심 속에서 자라기 때문에 타자의 관심을 당연하게 생각하는 경향이 있다. 그리고 자신이 특별이 노력하지 않더라고 주위에 인간관계가 많기 때문에 타자에 대한 배려나 감사함이 부족할 수 있다.

이러한 아들러 이론이 주는 시사점은 인간관계 능력이 어린 시절 양육과정에서 체득된다는 것이다. 따라서 인간관계 능력을 성장시키기 위해서는 학습된 자신의 인간관계 태도를 반성적으로 고찰해야 하고 이를 통해 성장해야 한다.

인간관계를 위해서는 어떤 능력이 필요한가? 인간관계 능력을 고찰하기 전에 먼저 유의해야 할 것은 인간관계라고 해서 인간에 대한 태도에 국한되지 않는다는 것이다. 왜냐하면 사람은 총체적인 존재이다. 예컨대 사람에 대한 태도가 부정적이면 세상이나 세계에 대해서도 비관적일 수 있다. 간혹 인간관계에 염증을 느껴서 산속에서 은둔자 생활을 하는 경우가 있다. 이 경우도 인간에 대해 긍정적이면 자연에 대한 태도 역시 친환경적일 가능성이 높다. 따라서 인간관계 능력은 사람에 대한 태도뿐만 아니라 사물 및 세계에 대한 태도를 포함해서 생각하는 것이 필요하다.

이에 우리는 인간관계 능력의 영역을 '나-나' 영역, '나-너' 영역, '나-세계와 상황' 영역으로 세분화 하여 고찰해보고자 한다. 먼저 '나-나' 영역은 주체가 자기 자신과 마주하는 영역이다. 이는 전통적으로 자기성찰, 자기반성, 자기동일성과 관련된 영역이다. 나와 나의 영역은 인간관계 형성에 기초가 되는 태도이다. 왜냐하면 자기 스스로 자신에 대해 열등감이 있거나 자존감이 낮으면 인간관계 능력이 성장할 수 없기 때문이다. 나-나 영역에서 중요한 태도는 자기 자신을 이해하고 수용하는 태도이다.

'나-나' 영역은 본래 자신의 모습과 직접적으로 관련된 영역이다. 자신의 모습에는 세 가지 유형이 있다. 참된 자기(true-self)와 거짓 자기(false-self), 그리고 이상화된 자기(idealized self)가 있다. 참된 자기는 우리가 태어날 때 부여받은 것으로 각 개인의 내면에 존재하는 온전성, 진리, 생명력 등을 의미한다. 참된 자기는 존재적인 자신의 모습이다. 그런데 우리는 살아가면서 참된 자기를 잃어버리고 산다. 이는 타자와 자신을 비교하고, 결과에 집착하는 것을 통해 자신을 물적인 존재로 간주하기 때문이다.

거짓 자기는 어린 시절 경험한 소외감, 분리, 단절과 외로움, 불안 등으로 인해 자신을 가치 없는 존재로 여기는 것이다. 그리하여 자신에 대해 부정적으로 생각하고 자신이 없는 세상이 훨씬 행복할 것이라고 생각한다. 늘 자신감이 없고 남의 눈치를 살피며 남의 비위를 맞추기 위해 전전긍긍한다. 삶은 언제나 불안하고 고통스럽다. 어린 시절 읽은 동화책 가운데 미운 오리와 같은 존재가 자신이라고 생각하지만 실은 미운 오리는 오리가 아니고 우아한 백조이다. 단지 자신만이 백조가 아닌 오리라고 생각하는 것이다.

이상적인 자기는 다른 사람과의 관계 속에서 의무적인 자기의 모습이다. 이상적인 자기의 모습은 나의 욕구를 통제하고 억압한다. 이상적인 자기는 부모님과 사회, 종교에서 부여된 틀 안에 자신을 끼워 맞추어 사는 타율적인 모습이기 때문에 참된 자기를 잃어버리고 거짓 자기와 함께 사회적 가면을 중시한다. 그리고 이상적인 자기는 이상적인 목적을 달성하기 위해 끊임없이 자신을 가만두지 않는다. 매일매일 자신을 불안하게 하고 무엇인가를 달성하려 한다. 이상적 자기는 계획적이고 끝없이 무엇인가를 성취하려 하기 때문에 삶은 평안이 아닌 마치 전쟁과 같다.

우리는 이 세 가지 자기의 모습이 나에게 공존하고 있다는 사실을 인지해야 한다. 그리고 이 세 가지 자신의 모습을 조화롭게 해야 하고 궁극적으로 본래적 자기를 회복하여 생명력을 지닌 존재적인 삶을 살아야 한다. 자신의 모습을 존재 그 자체로 수용하고 사랑스럽게 느낄 수 있어야 타자가 사랑스러운 모습으로 내 눈앞에 보이게 된다. 그리고 타자를 내가 원하는 모습으로 미화하거나 이상화시키기 않고 그 사람을 존재 그 자체로 볼 수 있다.

'나-너' 영역은 나와 타인과의 관계영역이다. 인간관계는 '나-너' 영역이 중심을 이룬다. 인간이 인간답게 살아갈 수 있는 것은 타자와의 관계 속에서 가능하다. 인간은 이미 그 자체로서 타자를 전제하며 타자가 없이는 나도 없다. 그리고 '나-너' 관계의 능력은 자신을 객관화 하여 제3자의 관찰자 입장에서 자신을 볼 수 있는 능력이다. 나를 너의 관점에서 볼 수 있어야 인간관계가 성장한다. '나와 너' 의 능력은 식물이나 동물이 갖지 못한 능력으로서 자신을 성찰하고 반성할 수 있는 계기를 제공해준다. '나와 너' 의 관계를 발달시키기 위해서는 타인과 의사소통할 수 있는 능력, 타자에 대한 적극적인 개방성, 이해성, 공감능력, 수용성 등의 자세가 필요하다. '나와 너' 의 영역에서 필요한 의사소통은 자신이 말하고자 하는 바를 정확하고 바르게 전달하는 능력으로서 타인과의 관계맺음에서 핵심요소라고 할 수 있다. 서로의 의사(意思)가 제대로 전달되지 않는다면 인간관계는 성립하지 않는다. 개방성은 자신의 생각만을 고집하지 않고 타인의 생각과 의견을 선입견 없이 받아들이고 수용하려는 열린 자세이다. 선입견을 가지고 있거나 닫힌 태도를 갖는다면 올바른 관계를 맺기 힘들다. 타인의 의견에 귀 기울이고 자신의 의견이 틀릴 수 있음을 인정하는 열린 태도는 보다 발전적인 대인관계에 있어서 필수적이다. 이해성은 타인의 생각이나 의도를 정확히 읽어내는 능력이다. 공감은 타인의 감정이나 정서를 같이 느낄 수 있는 능력으로서 타인과 친밀감을 느낄 수 있도록 도와준다. 공감함으로써 우리는 타인의 감정과 느낌을 알 수 있고 보다 타인의 입장에서 생각할 수 있게 된다. 그리고 수용성은 타자의 존재를 존재 그 자체로 인성하고 받아들이는 능력이다. 수용성은 내 관점이 아니라 타자의 관점에 서는 것이기 때문에 공감능력과 함께 발달한다.

'나-세계와 상황' 영역은 나와 너를 제외한 나를 둘러싸고 있는 환경이나 자연, 다른 생물, 문화, 시스템 등을 말한다. 인간은 자신을 둘러싸고 있는 환경을 떠나서는 존재할 수 없다. 뿐만 아니라 인간은 이 환경과 상호 작용하며 살아간다. 인간관계는 상황에 따라 달라질 수 있다. 오늘 만나는 사람이 내일도 똑같은 사람이 아니다. 어제와 오늘 얼굴이 같다고 해서 같은 사람이 아니다. 사람은 매일 달라질 수 있는 존재이며, 상황 역시 마찬가지이다. 예컨대 오늘 아침 누군가와 대화를 나누고 친밀감을 느꼈다고 해서 내일도 그러하리라고 단정할 수 없다. 인간관계는 나와 너, 그리고 상황에 영향을 받는다. 특히 관계적 맥락 안에서 인간관계가 이루어진다. 따라서 인간관계에는 세계와 상황에 대한 맥락적 민감성이 필요하다. 그리고 나와 세계, 상황을 탐구할 수 있는 탐구성이 필요하다. 탐구성은 상황과 세계 내에서 일어나는 관계에 대한 민감성이다. 탐구성은 상황을 이해하고 성찰하고 반성하는 능력을 의미한다. 이상 인간관계 능력과 인간관계 영역을 정리하면 〈표 5-1〉, [그림 5-1]과 같다(이연수 · 이미식, 2015:390).

〈표 5-1〉 인간관계 능력(이미식 · 이연수, 2015:404)

구성 개념	영역	하위 구성요인	하위 구성요인 정의
관계성	나-나 관계	자기이해	자신을 이해하는 정도
		자기수용	자신을 받아들이는 정도
	나-너 관계	의사소통	생각하는 바를 타인에게 전달할 수 있는 정도
		개방성	타인의 생각, 행동에 대하여 수용하고 열려 있는 정도
		이해성	타인의 생각을 이해하는 정도
		공감	타인의 감정을 느낄 수 있는 정도
		수용성	타자를 있는 그대로 받아들이는 정도
	나-세계와 상황 관계	탐구성	자신과 주위세계의 관계에 대하여 관심을 갖거나 알아보는 정도

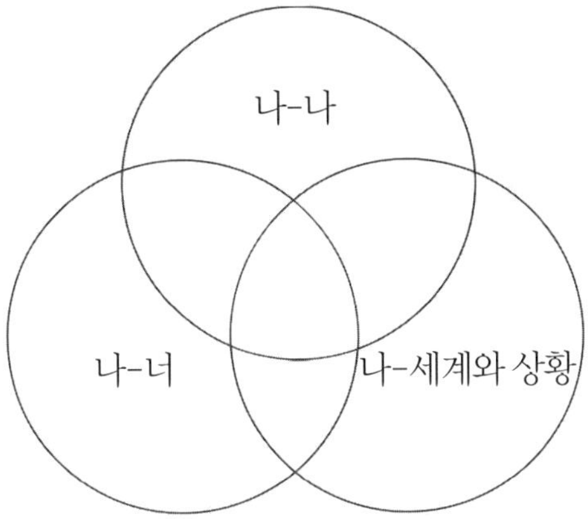

[그림 5-1] 인간관계 영역(이미식 · 이연수, 2015:403)

3. 인간관계를 어렵게 만드는 심리적인 기제

앞서 고찰하였듯이 나와 너의 참된 만남을 지향하지만 모든 사람들이 인간관계를 잘 형성하는 것은 아니다. 인간은 복잡하고 다양한 존재이다. 특히 인간관계는 마음에 영향을 받기 때문에 힘들 수 있다. 이에 우리는 인간관계를 힘들게 하는 심리적 요인을 살펴보자.

1) 과도한 합리화

인간의 심리는 복잡하고 다양하다. 그래서 다른 어떤 일보다 인간관계를 형성하고 유지하는 것이 쉽지 않다. 이미 살펴본 것처럼 인간관계는 다양한 요소에 의해 영향을 받기 때문에 인간관계 형성과 실패의 원인을 다양한 측면에서 평가할 필요가 있다. 즉 객관적이고 사실적인 원인, 정서적인 원인, 생득적인 원인, 습관적인 원인 등을 분석할 필요가 있다. 그런데 인간관계 실패의 원인을 자신의 부족함 등에서 찾고 그 부족함을 보여주기 싫어서 변명에만 급급하다면, 이는 과도한 합리화라는 방어기제를 사용하는 경우이다. 합리화는 인간이 자주 사용하는 방어기제이다. 이솝우화에 '여우와 포도' 이야기가 있다. 배가 고픈 여우가 포도를 따 먹기 위해 노력했지만 아쉽게도 따 먹을 수 없었다. 그러자 여우는 "내가 할 수 없어서 포도를 못 먹는 것이 아니라 내가 먹기 싫어서 먹지 않는다"라고 중얼거린다. 배고픈 여우가 사용한 기제가 과도한 합리화이다.

2) 퇴행

인간관계에서 어려움이 있거나 실패하는 경우 성숙하지 못하고 유아처럼 행동하는 것이 퇴행이다. 예컨대 상대방에게 소홀한 대우를 받으면 자신의 상황을 차분히 설명하거나 타자를 객관적으로 설득하지 않는다. 오히려 상황에 맞지 않는 행동을 할 뿐만 아니라 행동을 절제하지 않고 화를 내는 등 예측할 수 없는 행동을 하는 것이 퇴행이다. 퇴행 행동을 하는 사람은 자신의 퇴행 행동을 인식하지 못하기 때문에 발전하기 힘들다. 인간관계의 형성과 유지가 힘들다.

3) 과장

과장은 실패를 은폐하기 위하여 자주 사용하는 심리기제이다. 과장을 하는 사람은 인간관계에 자신감이 부족하거나 타자를 제대로 인식할 수 있는 능력이 없다. 그래서 자신을 무조건 과대포장 하면 인기를 얻을 수 있다고 착각한다. 과장을 하는 사람들은 자신의 감정을 솔직하게 표현하면 다른 사람들이 자신을 싫어할 수 있다는 편견과 오해에 사로잡혀 있다. 솔직성과 정직성은 인간관계의 미덕이다. 물론 솔직하게 표현한다는 의미와 자신을 소중히 여기는 태도와는 구분되어야 한다. 솔직한 표현이 타자에게 심리적 피해를 주어서는 안 된다.

4) 공격

공격은 상대방의 입장을 전혀 고려하지 않고 욕설, 비난, 야유를 할 뿐만 아니라 상대방을 중상모략 하고 유언비어를 유포하는 등 타인을 직간접적으로 괴롭히는 경우이다. 공격적인 사람 역시 과장·퇴행 행동처럼 자신의 공격성을 자각하지 못한다. 이들은 공격적인 행동이 어쩔 수 없이 하는 행동이라고 변명한다. 심지어 다른 사람을 배려한 행동이라고 정당화시킨다.

5) 감정전이

감정전이는 분노, 격함, 슬픔, 고통 등 부정적인 정서가 발생했을 때 그 감정을 촉발시킨 사람들과 무관한 주변 사람들에게 자신의 감정을 표출하는 경우이다. 감정전이는 자신보다 약한 사람에게 분노, 격함, 슬픔, 고통 등의 감정을 쏟아붓는다. 감정전이를 하는 사람들은 자신이 갖고 있는 감정상태를 인식하기보다는 자신의 불쾌한 감정을 타인에게 전가하는 데 관심을 갖기 때문에 대인관계 형성에 부정적인 영향을 준다.

6) 고립

고립은 자신을 보호하기 위한 장치로써 모든 관계로부터 자신을 단절시키고 동굴로 숨어버리는 방어기제이다. 고립은 인간관계의 고통을 벗어나기 위해 일상의 모든 일에 개입하는 것을 차단 혹은 거절함으로써 감정적 긴장과 갈등을 벗어나려고 시도한다. 고립을 선택하는 이유는 자신의 마음을 다치지 않으려는 방어적 심리기제 때문이다. 그러나 성숙한 인간관계를 유지하려면 때에 따라서는 실패와 고통에 직면하는 위험과 모험을 감수해야만 한다.

7) 책임전가

책임전가는 자신의 실수나 잘못을 다른 사람이나 집단에 책임을 전가하는 것이다. 열등감을 감추기 위해 지나치게 허세를 부리는 것도 책임전가와 유사한 심리작용일 수 있다. 책임전가를 하면 일시적으로 편안하게 보이지만 마음 한구석은 늘 불안하다.

8) 투사

투사는 자신의 잘못이나 단점을 타인도 알고 있다고 판단해서 자신의 흥미와 욕망을 다른 사람에게 속한 것처럼 판단하고, 자신의 심리적 경험을 실제 현실인 것처럼 지각하는 현상이다. 투사의 예를 들어보면 돈을 가지고 심부름을 갈 때 자신을 보는 시선을 돈을 훔치려는 눈초리로 투사한다. 상대방의 웃음이 어린 시절 부모님이 비웃는 웃음과 유사하다고 판단하여 부모님에게 느꼈던 그 감정을 상대방에서 투사하는 경우도 일상생활에서 경험할 수 있는 사례이다. 투사는 열등감을 은폐하려는 행동을 중심으로 전개되기 때문에 완고한 심성을 지닌 사람이나 현실적 감각이 없는 사람들에게서 자주 발견된다.

9) 고착

고착은 자신의 역량으로서는 능력 부족이라는 것을 인지하면서도 동일한 잘못을 반복하는 것이다. 가령 어린 시절 인정의 욕구나 애정의 욕구가 충족되지 않았기 때문에 성인이 되어서도 타자에게 인정과 애정을 받으려고 집착하는 경우가 고착의 방어기제이다. 이외에도 인간관계를 힘들게 하는 심리적 요소는 다양하다. 인간관계를 힘들게 하는 요소는 개인마다 수준과 정도가 다양하기 때문에 스스로 자신의 가치, 사고체계, 정서, 행동 등에 대해 반성적으로 성찰하는 자세가 적극적으로 필요하다.

4. 인간관계를 변화시키기 위한 노력

1) 이야기하는 방법에 대한 관심

모든 인간관계는 대화를 통해 이루어진다. 이야기를 통해 새로운 만남도 가능하고 만남을 폭넓게도 하고 깊이 있게 한다. 물론 이야기는 가치관의 표현이지만 방법도 중요하다. 따라서 나와 너의 참된 만남을 위해 이야기하는 방법에 관심을 가져야 한다. 나는 이야기할 때 눈은 어디를 향하고 있는지, 말소리는 부드러운지, 상대방을 말을 듣고 대화하는지, 아니면 상대방에 대한 정보에만 치중하는지, 상대방의 마음에 적극적인 관심을 갖고 있는지 등 자신이 이야기하는 방법에 대해 관심을 가져야 한다.

어린 시절 습득한 태도 즉 이야기하는 태도는 성인이 되어서도 반복될 수 있다. 어린 시절 부모에게 '하지 마라' 는 금지명령을 자주 접한 경우, 다른 사람에 대한 호감의 표현이나 관심으로 무엇을 '하지 마라' 는 금지어 혹은 비난어를 사용할 수 있다. 그런데 금지어나 비난을 자주 사용하는 사람은 그 표현이 익숙하기 때문에 상대방이 그러한 표현에 기분이 상할 수 있다는 생각을 못할 수 있다. 따라서 자신의 이야기하는 방법에 적극적인 관심을 가질 뿐만 아니라 상대방에게 자신의 이야기하는 태도에 대해 의견을 물어보는 것도 좋다.

2) 많이 듣기

인간관계를 형성할 때는 상대방의 이야기를 많이 듣는 사람이 되어야 한다. 상대방의 이야기를 많이 듣는 것은 상대방에 대한 존중의 표현이자, 상대방의 마음에 함께 참여한다는 표현이다. 상대방의 말을 경청하기 위해서는 그 사람의 입장을 고려하는 노력이 필요하다. 상대방의 이야기를 제대로 경청하기 위해서는 인지적 능력뿐만 아니라 정서적인 능력이 성장되어야 한다. 물론 상대방의 정서가 하는 이야기를 들을 수 있으려면 자신의 정서가 하는 메시지를 읽을 수 있는 능력이 있어야 한다.

3) 공감능력 기르기

인간관계를 잘 맺기 위해서는 잘 경청하는 일을 넘어서서 타인을 깊은 수준에서 이해하는 공감능력이 필요하다. 공감능력은 상대방의 말 속에 내포된 정서, 사고, 신념을 포착하는 것이고, 상대방에게 몰입하는 심층적 경험이다. 공감능력은 상대방의 입장에서 이해하는 태도이다.

인간은 타인에게서 이해받고 인정받고 싶어 한다. 상대방이 자신의 의견과 감정을 헤아려 줄 때 진한 감동과 존재감을 느낀다. 공감과 진정한 의미의 격려는 삶을 활기차게 하는 긍정적인 에너지이다. 인간은 고통이 극심해도 자신의 고통을 함께해주는 누군가가 있다는 그 자체만으로도 생기(生起)를 회복한다.

4) 자신을 제대로 표현하기

자신을 표현한다는 것은 자신의 내면적 상태를 다른 사람에게 전달할 수 있는 심력(心力) 즉 마음의 힘을 가지고 있다는 의미이다. 인간관계에서 어려움을 겪는 사람 중에는 자신을 표현하는 데 미숙하거나 숨기는 데 익숙한 사람이 있다. 이러한 사람들의 경우 상대방의 행동에 대해 무심한 척하거나 속마음과 상반된 왜곡된 행동을 하여 인간관계를 발전시키지 못한다. 자기 자신을 표현할 수 있다는 것은 당당함의 표현이다. 물론 자신을 표현하는 방법은 긍정적이고 성숙해야 한다.

흔히 자신을 표현한다는 미명하에 상대방을 무시하거나 자신의 이익만을 챙기는 경우가 있다. 그러나 이러한 행위는 일시적인 인간관계는 가질 수 있으나 오랜 만남을 유지할 수 없다. 그리고 자신을 제대로 표현하기 위해서는 타자의 시선을 고려하지만 그 시선에 자신을 절대적으로 동일시해서는 안 된다. 타자는 나와 함께 성장하는 존재일 뿐이다.

▸ 그래비티(Gravity, 2013)

▌ 감독 : 알폰소 쿠아론.
▌ 주연 : 산드라 블록, 조지 클루니.
▌ 장르 : SF.
▌ 상영시간 : 90분.

우주 비행사가 되어 우주로 오기 전 스톤은 불행한 가족사로 인해 상처를 많이 받았다. 딸을 잃은 상처로 그녀의 삶은 자신의 통제력을 상실한 채 표류하듯 자동차 운전과 일만을 관성적으로 반복한다. 스톤에게 우주는 사람들과의 관계를 단절하고 홀로 자신의 상처를 껴안고 살아가는 자신만의 폐쇄된 공간이다.

무중력 상태인 우주의 가장 큰 특징은 공간을 헤엄치듯 떠다니는 모습이다. 이것은 지구에서 딸을 잃은 스톤이 멍하니 운전과 일을 반복하는 모습과 겹쳐진다. 자신을 놓아버리고 영혼 없이 부유하듯 일상을 반복하던 그녀는 우주로 도피했지만 여전히 어둡고 고립된 우주 공간에서 자신을 유기한 채 산다. 하지만 위기가 닥치자 그녀는 살고자 하는 강한 열망을 느낀다. 위기로 인해 그녀는 상처 때문에 오랜 시간 회피하고 부정했던 자신과 자신의 삶을 되찾고 싶은 열정을 갖게 된다. 이제부터 그녀가 지구로 귀환하기 위해 겪게 되는 고통은 잃어버린 나를 찾기 위한 험난한 여정이다. 오랜 시간과 공간을 지나 스톤은 마침내 자신의 삶이 있는 세상으로 돌아와 자신의 두 발로 땅에 서게 된다. 메이 사튼의 시 〈나 이제 내가 되었네〉처럼. 나 이제 내가 되었네. 여러 해, 여러 곳을 방황하느라 시간이 많이 걸렸네-스톤은 내가 되어 다시 세상으로 돌아왔다.

생각해봅시다.

1. 인간관계에서 필요한 능력은 무엇인가?
2. 내가 생각하는 인간관계의 어려움은 무엇인가?
3. 인간관계에서 갈등이 발생하는 원인은 무엇이고, 그것을 어떻게 해결하는가?
4. 청년들에게 희망을 줄 수 있는 사회는 어떠해야 하는가?
5. 한국사회에서 인간관계 처세술이 인기 있는 이유는 무엇인가?
6. 우리는 왜 연애를 잘 못하는가?

[도움 줄 책]

- 마르틴 부버. 윤석빈 역(2007). 《인간의 문제》. 길.
- 박홍규(2012). 《마르틴 부버》. 홍성사.
- 한병철(2015). 《심리정치》. 문학과지성사.

제6장
정의란 무엇인가?

정의란 무엇인가?

1. 정의의 전제조건

최근에 한국을 방문한 프란치스코 교황이 우리를 향해 간절히 설파한 핵심 주제는 바로 정의다. 교황은 평화란 정의가 전제되지 않고는 이루어질 수 없는 것, 즉 평화라는 것도 결국은 정의의 자연스러운 산물에 지나지 않는다고 했다. 그런데 아이러니하게도 무고한 유태인들을 학살한 원흉인 히틀러가 평생 동안 입에 달고 살다시피 한 말도 바로 정의다. 그리고 마지막 순간까지 자신의 행위는 정의에 근거한 것이라는 오인된 믿음을 버리지 않았다. 그렇다면 정의는 말하는 자가 의도하는 바에 따라 달라질 수 있는 것인가?

결론부터 말하자면, 정의에 대해 한마디의 매끈한 개념은 없다. 물론 히틀러처럼 남발할 수는 없지만 우리는 오직 정의에 관한 물음을 던질 수 있을 뿐이다. 그 이유는 인간과 다른 인간이 부대끼고 사는 모든 공간에 항상 색깔을 달리하며 전제되어야 하는 것이 바로 정의이기 때문이다. 따라서 우리는 "정의란 무엇인가?"에 관한 질문을 던지고 또 애써 그것이 가져야 하는 기본적인 전제조건에 대해 더듬어 보려 한다.

정의의 여신 디케

눈가리개를 하고 한 손에는 검을, 다른 손에는 천칭저울을 들고 선 이 여인은 누구인가? 바로 정의의 여신 디케(Dike)다.

제우스와 율법의 여신인 데미스 사이에서 태어난 딸인 디케는 질서를 뜻하는 에우노미아와 평화를 뜻하는 에이레네와는 자매이기도 하다. 디케는 인간들이 전쟁을 일삼고, 또한 서로를 해치며 타락의 극점에 다다른 순간 하늘로 올라가 천칭자리가 된다. 이때 천칭자리는 선과 악을 가리는 저울 모양이다.

그녀가 눈을 가린 것은 대상이 지닌 외모의 미추, 신분의 높낮이, 재물의 정도, 배움의 길이에 끌리는 편견을 갖지 않겠다는 뜻이다. 그리고 디케의 왼손에 들려진 저울은 정확한 무게를 저울질하겠다는 의미다. 이때 저울질해야 하는 대상은 우리의 해석에 따라 다양하다. 예를 들어 그것은 죄의 경중을 따지는 것일 수도 있겠고, 분배의 정도를 가늠해보는 것일 수도 있다. 물론 그녀의 오른손에 들려진 칼은 단호함을 은유한다. 그런데 때때로 디케가 들고 있는 천칭저울은 한쪽으로 약간 기울어져 있다. 어떤 의미일까? 그것은 약자에 관해서는 좀 더 관용을 베풀어야 한다는 기본적인 기준을 담고 있다. 말하자면 디케는 우리에게 정의가 무엇인가에 대한 기본적인 전제를 제시한다. 그것은 바로 편견 없이 사람 혹은 사태를 대하는 시각, 원칙에 입각한 단호함 그리고 약자에 대한 배려다.

2. 정의와 법 그리고 성찰

1) 정의와 법

정의라는 언표가 회자되는 순간, 우리는 법이라는 단어를 쌍생아처럼 떠올리게 된다. 그것은 법에 전제되어야 하는 가장 기본적인 조건이 정의로움이라는 상식 때문이다.

하나의 예화를 살펴보자. 1985년 텍사스 공대의 흑인 대학생이었던 스물다섯 살 팀 콜은 스무 살 여대생 미쉘 말린을 성폭행한 혐의로 체포된다. 팀 콜은 자신의 결백을 주장했지만 피해자가 팀 콜을 지목한 것이 결정적인 증거가 되어 25년 형을 선고받는다. 수감된 이후에도 지속적으로 자신의 결백을 주장한 팀 콜은 자신의 죄를 인정한다면 가석방될 수 있도록 해주겠다는 검찰의 제안도 거절한다. 그런데 22년이 지난 어느 날 제리 존슨이라는 팀 콜의 친구가 팀 콜에게 편지를 써서 자신이 진범임을 밝힌다. 그리고 그의 DNA를 검사한 결과, 제리 존슨이 진범이고 팀 콜은 무죄임이 드러난다. 그런데 팀 콜은 이미 10년 전인 1997년, 천식으로 인해 서른여덟 살에 숨을 거둔 뒤였다.

법에는 정의가 자웅동체처럼 엮여 있어야 함에도 불구하고 팀 콜의 사례에서 보는 바와 같이 그것은 늘 이상적인 지향점으로 남아 있다. 그 이유는 무엇일까? 답은 간단하다. 법을 집행하는 우리, 즉 인간이란 존재의 모순 때문이다. 니체(F. Nietzsche)의 표현을 빌려 보자.

> 인간은 동물과 위버멘쉬 사이를 잇는 밧줄, 하나의 심연 위에 있는 하나의 밧줄이다. 저편으로 건너가는 것도 위험하고, 건너가는 과정, 뒤돌아보는 것, 벌벌 떨고 있는 것도 위험하며 멈춰 서 있는 것도 위험하다.
>
> (프리드리히 니체(2000). 《차라투스트라는 이렇게 말했다》. pp.19~20)

니체가 전언하는 바와 같이 인간은 완전과 미완의 사이 그리고 신과 동물의 사이에 위치한 경계의 존재다. 그리고 이는 인간이 결정하고 또한 행하는 만사에 오류가 있을 수 있음을 동시에 의미하는 것이기도 하다.

다시 팀 콜의 이야기로 돌아가보자. 억울한 팀 콜의 죽음을 계기로 텍사스 주 의회는 '팀 콜 법'을 제정한다. 즉 팀 콜처럼 부당하게 법의 처벌을 받은 사람에게는 1년당 8만 달러의 보상금을 지급하도록 하는 것이다. 물론 무고한 사람의 세월이 돈으로 보상 가능한 것은 아니지만, 그것은 최소한의 장치를 통해서 법의 오류를 인정하는 동시에 줄여 보려는 실천의 일환이다. 텍사스 대학 법학과 광장에 세워진 팀 콜의 동상은 그곳을 지나는 미래의 법관을 향해서 나아가 우리로 하여금 자신이 내리는 판단에 언제나 오류의 가능성이 도사리고 있음을 깨우친다.

2) 성찰

하버드 로스쿨이 전통적으로 학생을 가르치는 방식은 소크라테스식 문답법이다. 그 이유는 법이 완전하지 않다는 것을 전제하기 때문이다. 그래서 그들은 항상 다음과 같은 질문을 한다. "그 판결은 옳은 것인가?", "다른 판결의 가능성은 없는가?"

결국 정의로운 법이란 기계적으로 법조문을 분석하고 차가운 낯빛으로 그것을 선언하는 것이 아니다. 그것은 끝없는 질문으로 법 자체에 대해 성찰하는 과정을 통해 얻어지는 열린 텍스트다. 하나의 판단이 한 사람의 생 전체를 송두리째 뒤바꿀 수 있다는 섬뜩함을 상기한다면 우리는 기꺼이 그 수고로움을 받들어야 한다. 그렇다면 소크라테스식 문답법이란 무엇인가?

잘 알려진 바와 같이 소크라테스는 저잣거리를 마다 않으며 수많은 사람과 마주선다. 그의 목적은 분명하다. 상대로 하여금 그 자신이 가진 편견, 아집, 속단 등을 스스로 벗어던지도록 하는 것이다. 투명하게 자신 앞에 섰을 때 드러나는 진실은 하나다. 즉 우리 자신은 무지하다는 것이다. 그 무지를 스스로 깨닫는 것, 그것이 지난한 질문의 과정을 이어가는 스승 소크라테스의 간절한 바람인 것이다.

소크라테스는 동시대에 세 치의 혀로 상대를 기만하고, 세상을 기만하고, 자신조차 기만하는 소피스트들의 화려한 화술을 염려했다. 수사학이라고 칭해지던 고대의 언변술이 덮고 있는 화려한 치장막을 걷고 또 걷어보면 오직 대상을 향해 얻으려는 이득만이 오롯이 또아리를 틀고 있다.

소크라테스가 우리를 향해 가하는 일침은 진실하라는 것이며, 진실은 치장하지 않은 단순함에서 온다. 그리고 그러한 단순함은 우리에게 정직한 비용을 치르라고 요구한다. 어떤 비용인가? 스스로를 향해 가없는 물음을 던지는 과정의 수고로움, 스스로의 오류를 가차 없이 골라내고 수정하려는 노고, 그리고 말하는 바를 곧장 실천하려는 용기가 그것이다.

소크라테스 자신도 노구(老軀)를 이끌고 재판정에 선다. 당시의 타락한 대중이, 세속적인 목적 아래 진실을 망각한 정치인이 그에게 죄를 뒤집어 씌운 것이다. 그의 죄명은 '아테네의 젊은이를 타락시킨 것' 이다. 얼토당토않은 죄목은 소크라테스 자신의 변론에도 불구하고, 그에게 사형을 선고한다. 물론 소크라테스는 도망치지 않는다. 그리고 그 자신이 저잣 거리에서 사람들을 향해 가하던 질문을 회수하지도 않는다. 그는 자신의 말과 자신의 실천 사이를 틈새 하나 없이 일치시킴으로써 우리를 설복시킨다.

하버드 로스쿨이 선택하는 소크라테스식 질문의 핵심은 바로 그러한 실천을 염두에 두는 것이다. 법에 전제되어야 하는 정의는 책을 깊이 판다고 해서 터득될 수 없는 것이며, 바로 이렇게 묻고 또 물어가는 과정에서 생겨나는 정직한 땀방울의 산물이다. 그리고 그럴 때에라야 실제의 장에서 실천으로 연결될 수 있다. 이때 실천으로의 연결이 긴요한 이유는 무엇인가? 그것은 법이 내리는 결정이 곧장 강제적으로 집행된다는 사실에 있다. 명령어로 우리에게 들이닥치는 법에 정의를 함께 엮는 묘수는 없다. '정의로운 법' 에 가까이 다가서는 유일한 길은, 쉼 없이 이어지는 참여, 불일치, 재고, 토론 등에 직접 살을 부딪치고 뛰어들며 법 집행의 대상자들과 같은 입장이 되어 보는 것이다.

결국 법에 자웅동체로 묶여 있어야 하는 '정의' 는 책상머리에서 쉽게 얻어지는 것이 아니다. 그것은 '법은 무엇인가?' 나아가 '정의로운 법은 무엇인가?' 를 쉼 없이 물어가는 성찰의 과정을 통해서 쟁여지는 실천적인 것이다. 살펴본 바와 같이 이를 위한 방식은 오직 연습하고 또 연습하는 실질적인 것이며, 때로는 흙탕물에 뒹구는 손해나 불편을 기꺼워하는 용기가 필요한 것이기도 하다.

3. 정의 그리고 질문하기

1) 세 가지의 이야기

'나는 누구인가? 여기는 어디인가?'

객쩍은 농담처럼 회자되는 기본적인 질문은 우리가 정의를 향해 다가서게 하는 가장 소중한 걸음이다. 우리에게 질문이 사라지는 바로 그 순간 부정의는 우리를 파고든다. 다시 말해 쉼 없이 물어가는 질문의 과정은 위에서 살펴본 바처럼, 타인에게 가하는 판단이나 행위를 숙고하는 성찰의 방식이 되는 동시에, 부정의의 사태로부터 자신을 지켜내는 것이기도 하다. 몇 가지 이야기를 통해서 그것에 관해 다가서 보기로 하자.

(1) 첫 번째 이야기

사건은 한낮 대로변에서 벌어진다. 연인과 무심코 길에 서 있는 한 여자에게 낯선 남자가 다짜고짜 키스를 퍼붓는다. 만약 여러분이 그 여자라면 어떻게 하겠는가? 여러분의 상상처럼 그 여자는 격렬하게 저항한다. 그리고 그 낯선 남자를 향해 힐난과 조소를 퍼붓는다. 그런데 그 여자는 그 낯선 남자에게 강제로 납치된다. 도대체 왜 자신을 납치한 것인지, 낯선 남자의 정체는 무엇인지, 언제쯤 그곳을 탈출할 수 있는지 등의 의문이 이는 동안 그 여자는 항시 탈출을 시도하고, 악착스레 버틴다. 자신의 의도와 무관하게 들이닥친 사태에 안간힘을 써서 버티던 여자는 어느 순간 질문하기를 멈춘다. 그리고 질문이 사라지는 순간, 유순하게 길들여진다. 그런데 아이러니는 바로 이 지점에서 발생한다. 여자가 질문을 멈춘 순간, 남자는 여자를 집으로 돌려보낸다. 뒷이야기는 어떻게 되었을까? 우리의 상식은 그 나쁜 남자를 신고하고, 자신의 억울함을 항변하고, 상처의 시간을 치유해 갈 것이라는 데 머문다. 그러나 그 여자는 얼마 가지 않아 남자에게 되돌아온다. 그녀는 자신도 모르는 사이, 그 남자의 방식에 길들여진 것이다.

(영화 〈나쁜 남자〉, 2002)

(2) 두 번째 이야기

은행원인 서른 살 요제프 K는 어느 날 영문을 모른 채 체포된다. 몇 가지 일상에서의 사소한 잘못이 떠오르기는 했지만, 그것이 법이라는 강제적 장치 아래 재판을 받고, 강제적으로 처벌받을 일은 아니었다. 여러분이라면 어떻게 하겠는가? 우리가 상상할 수 있는 바와 같이 요제프 K는 수사관에게 묻는다.

"제가 왜 조사를 받고 있죠?", "언제까지 조사를 받아야 하나요?"

그러나 그는 속 시원한 답변을 들을 수 없다. 거꾸로 자신의 무죄를 입증해야만 하는 상황에 봉착한다. 부정의하다는 생각이 드는가? 그러나 요제프 K에게는 질문을 계속할 여유가 없다. 무죄를 증명하지 않는다는 것은 스스로의 죄를 시인하는 것이기 때문이다.

"저는 잘못이 없습니다."

그의 항변은 차가운 법정 아래서는 공허한 메아리로 전락한다. 일 년 만인 서른한 살 생일날, 자신의 무죄를 증명해내지 못한 요제프 K는 결국 수사관들에게 끌려가 칼로 잔혹하게 죽임을 당한다. 요제프 K가 선고받는 날에 입은 옷은 공교롭게도 검은색 예복이다. 그는 자신의 유죄를 받아들인 것일까? 그렇다면 여기에서 유죄란 무죄를 증명하지 못한 상태를 말하는 것인가?

> K의 목에는 한 사나이의 두 손이 놓이고, 또 한 사나이는 칼을 그의 심장 깊숙이 찔러 두 번 그곳을 휘저었다. 흐려지는 눈으로 K는 아직도, 두 사나이가 볼과 볼을 마주대고 자신의 얼굴 앞에서 결말을 주시하고 있는 모습을 보았다. "개 같은"이라고 그는 말했으나, 죽어서도 치욕은 남는 것 같았다.
>
> (프란츠 카프카(2007). 《심판》. p.265)

그러나 우리의 의문과 달리 요제프 K는 더 이상 묻지 않는다. 그리고 항변도 멈춘 상태였다. 결국 그가 심장을 칼로 찔린 채 죽임을 당하는 부정의한 사건은 바로 그가 질문을 멈춘 시점에 발생한 것이다.

(3) 세 번째 이야기

1991년 여름, 사건이 일어나기 전까지 제이시 두가드는 평범한 소녀였다. 두가드에게는 사랑하는 가족이 있었고, 언제나 친구들과 함께였으며, 우리와 마찬가지로 평범한 일상을 영위하고 있었다. 그러나 소녀는 2009년 다시 자신의 일상으로 회귀하기까지 18년 동안 누려야 할 일상의 삶을 강탈당한다. 어느 날 열한 살의 소녀는 여느 때와 마찬가지로 등굣길에 나선다. 그리고 그 길에서 정체 모를 중년 남성에게 납치되어 감금된다.

'어떻게 하지?', '왜 이런 일이 벌어지는 거야?', '이 사람은 누구고 나한테 뭘 바라는 거지?', '학교에 안 갔는데 어떻게 됐을까? 나중에 혼날까?', '엄마는 어디에 있지? 나를 찾고 있을까?', '언제 학교에 갈 수 있을까?', '이 낯선 남자가 나를 집에 데려다 줄까?'

낯선 곳에 갇혀 있다는 것을 깨달았을 때, 소녀의 머릿속에는 갖가지 질문이 생겨난다. 그러나 어린 소녀에게 답을 주는 사람은 아무도 없었다.

> 그는 온갖 우스운 목소리로 나를 웃기려고 애썼다. 영국 억양, 텍사스 억양, 오스트레일리아 억양을 써가면서. 이 모두가 자기 말을 고분고분 잘 듣도록 나를 조종하기 위한 계략의 일부였다는 생각이 든다. 그는 나를 잘 구슬리는 언변을 이용해 나의 신뢰를 얻었다. 그는 내게 세상의 전부가 되었다. 내게 먹고 마실 것, 변기를 줄 수 있는 사람은 그 밖에 없었다. 그는 내게 즐거움을 주는 유일한 사람이었다. 그때쯤 나는 인간과의 접촉이 얼마나 그리웠던지 그가 언제나 올까 기다리기까지 했다. 마치 그가 내게 선물을 주는 것 같은 기분이었다. (제이시 두가드(2012). 《도둑맞은 인생》. pp. 44~45)

자신을 납치하고 18년간 감금한 범인을 '세상의 전부'라고 표현하는 것이 이해 가능한 일인가? 우리는 그 문장을 접하고, 분노가 치밀거나 의아해진다. 그 낯선 남자는 실제로 열한 살 어린 소녀를 납치하고, 그 아이의 모든 성장기를 강탈한 채 지속적으로 성폭행을 일삼는다. 한마디로 그 남자가 두가드를 납치한 이유는 자신의 성노예로 삼기 위해서다. 그리고 두가드로 하여금 두 명의 아이를 낳게 하기도 한다. 그런데 그녀가 소름이 끼치도록 잔악무도한 상대를 친절하고 좋은 사람으로 묘사하고 있는 이유는 무엇일까?

2) 질문과 정의

(1) 정해진 답과 부정의

앞의 두 이야기가 픽션(fiction)이라면, 마지막 이야기는 논픽션(nonfiction)이다. 우리는 위의 세 가지 이야기를 통해 정의의 바탕이 되어야 하는 기본적인 상황 하나를 발견할 수 있다. 그것은 바로 질문을 할 수 있는 자유다. 마지막 이야기의 주인공인 두가드가 상대를 친절하고 좋은 사람으로 묘사할 수밖에 없었던 이유, 더구나 그 묘사가 강요된 것이나 위장된 것이 아니었던 이유는 그녀에게 의문을 가지고 저항할 수 있는 '여지'가 없었기 때문이다. 실제로 두가드는 처음 재판정에 섰을 때, 범인을 친절하고 좋은 사람이라고 주장한다. 그리고 무죄를 주장하는 탄원서를 제출하기도 한다.

이제 우리 자신에게 질문을 던져보자. 열한 살 소녀였던 두가드의 표현처럼 자신의 일상을 강제로 빼앗은 자가 모순되게도 '즐거움을 주는 유일한 사람'일 때, 여러분에게는 어떤 생각이 떠오르겠는가? 더구나 그런 처지에 내몰린 여러분이 열한 살 소녀라면 무엇을 할 수 있겠는가? 그럼에도 불구하고 낯선 남자에게 쉽 없이 저항할 수 있을까? 우리는 이 지점에서 아무것도 확언할 수 없다. 부정의의 시작은 여기서부터다. 즉 질문을 가할 수 있는 선택권을 빼앗겼을 때, 받아들이는 것밖에는 살 수 있는 방법이 없을 때 우리는 어쩔 도리 없이 순응하게 된다. 그리고 이 순응은 바로 부정의의 싹이다.

요제프 K의 경우도 마찬가지다. '죽음'이라는 답을 정해놓고 연역적으로 헛수고를 이어가며 무죄를 증명해야 한다는 것은 불가능한 일이기 때문이다. 애당초 그에게는 선택권이 없었다. K의 검정색 예복이 상징하는 바처럼 영문도 모른 채 죽임을 당하는 그에게는 도대체 왜 죽임을 당해야 하는가를 물을 수 있는 여유나 틈은 없다. 정해진 시간 내에 무죄를 증명하지 않으면 유죄를 인정하는 꼴이 되는 다급한 현실은 그렇게 한 존재에게 부정의가 침범하는 빌미를 제공하는 것이다.

첫 번째 이야기의 주인공인 '그 여자'가 처한 상황도 다르지 않다. 그녀가 저항을 멈추고 자신의 처지를 순순히 받아들이는 순간, 왜 자신이 납치되어 그토록 잔인하고 곤혹스러운 삶에 내동댕이쳐진 것인지에 관한 질문도 동시에 멈추게 된다. 외려 그러한 삶으로 되돌아오는 그녀의 몸짓은 부지불식간에 나쁜 남자의 방식에 습관화 되고 또한 코드화 되어버린 그녀의 정신을 대변하는 것이기도 하다.

사막의 낙타를 길들이는 방식은 쉽다. 밤이 되면 주인은 낙타를 나무에 묶어 둔다. 몇 차례만 묶고 푸는 수고를 거치면 어느 순간 낙타는 끈 없이도 도망가지 않는다. 그것은 끈 없이도 끈에 결박당해 있다고 여기는 낙타의 오인 때문이다. 따라서 주인은 그저 나무 곁에 낙타를 두기만 한 채 편히 잠이 든다. 끈이 나무에 묶여 있지 않음에도 불구하고, 낙타는 자신이 묶여 있다고 여긴 채 순순히 제자리를 지킨다. 푸코(M. Foucault)의 말을 빌면 그것은 '순응'이다.

순응은 비유컨대, 툭 한번만 건드리면 저절로 내리막길을 굴러가는 돌과 같다. 왜 그럴까? 푸코에 따르면 그것은 대상들을 순응케 하는 방식이 설득에 있기 때문이다. 그리하여 한번 설득당한 대상은 이어지는 제재 없이도 제 발로 부당한 상황 속에 머물게 된다.

예를 들어 요제프 K에게는 '법'이라는 이름이 설득력으로 작동했고, 제이시 두가드에게는 자신을 돌봐주는 오직 한 사람이라는 '유일성'이 그녀가 상황을 받아들일 수밖에 없도록 만들었다. 그러므로 K는 뚜렷한 죄목이 떠오르지 않음에도 불구하고 무죄를 증명해야 하는 어이없는 궁지에 내몰렸으며, 두가드는 자신의 삶을 송두리째 유린한 악인에게 삶 전체를 내맡길 수밖에 없었다. 마치 끈 없이도 스스로를 포박하는 낙타처럼, 부정의한 상황에 어느덧 익숙해진다.

"제가 왜 조사를 받고 있죠?"
"왜 이런 일이 벌어지는 거야?"

우리가 결코 멈추어서는 안 되는 것, 그것은 바로 질문하기다.

(2) 우리네 일상의 삶과 정의

일상의 삶을 영위하는 보통사람에게도 위와 같은 이야기가 해당된다. 우리가 '질문하기'를 멈추는 순간, 우리는 제 발로 걸어 들어가 순응하는 존재로 떨어진다. '나는 그렇지 않다'라고 거부감이 드는 우리에게 여태 이어온 이야기를 적용시켜 보도록 하자.

"조용히 해.", "조용히 하세요."

우리가 학창 시절 가장 많이 듣던 말이다. 유년 시절, 그리고 초등학생 시절까지 궁금한 것이 있으면 거침없이 손을 들고, 표현할 것이 생기면 눈치 볼 사이 없이 자기 이야기를 쏟아내던 우리는 어느 사이인가 입을 다물고 '정답'이라고 이미 정해진 고정점만 찾기에 급급해졌다. 모 방송국에서는 질문이 사라지는 우리의 변화를 인터뷰와 실험을 통해 보여준다.

중학교 교실에서 만난 학생들은 칠판에 자신들이 어른들로부터 가장 많이 듣는 말을 써서 붙인다. 짐작하는 바와 같이, 그들이 압도적으로 많이 듣는 말은 바로 '조용히 하라'는 명령어다. 그리고 고등학교 교실에서는 그렇게라도 입을 여는 학생조차 사라졌다. 산더미처럼 주어진 문제집의 양을 쉴 사이 없이 소화해야 하는 과정은 그저 정답을 골라내야 하는 수동적이고 습관적인 행위의 연속이다.

대학은 다르지 않겠는가? 공부라는 말 대신, '학문'이라는 자기 주도적 향기를 품은 언어가 어우러지는 그곳에는 적어도 자유로이 질문하는 여유가 있지 않겠는가? 다음의 한 가지 실험에 주목해보자. 실험 참가자는 서울 어느 대학의 학생이다. 평소에 묵묵부답하기 일쑤이던 그 학생이 강의시간 중 5개의 질문을 하는 것이 실험 내용이었다. 그런데 묵직한 침묵과 교수의 목소리만 울리는 강의실에서 5개의 질문을 하기란 여간 쉽지 않은 일이었다.

"교수님, 질문 있습니다."

우리가 주목해야 하는 것은 실험 참가자가 아니라 같은 강의실에 있던 다른 대학생들의 반응이다. '왜 저러지?'라는 다른 학생들의 호기심은 질문의 횟수가 늘어갈수록 짜증으로 변해갔다. 침묵을 깨는 질문은 시간을 낭비하는 쓸모없는 것인 동시에 학점이나 취업과도 무관하기 때문이다. 실제로 강의를 마치고 나오는 학생들은 인터뷰를 통해, "의아하다", "황당하다", "나댄다", "끝나는 시간이 늦어져 짜증이 났다" 등 부정적인 반응을 쏟아냈다.

적극적인 질문공세를 펼친 실험 참가자도 "뒤통수가 따갑고, 긴장이 되고, 부끄러웠다"라고 말했다. 많은 사람들이 의식하고 쳐다보는 것이 어색하기도 하고, 학생들이 등 뒤에서 노려보는 게 느껴지기도 했다는 것이다. 그리고 그 압박감이 너무도 커서 쉬는 시간에 도망을 치고 싶은 생각이 들 정도였다고도 했다(EBS, 2015:33).

한번 잃어버린 질문의 습관을 되돌리기란 쉬운 일이 아니다. 앞서 살펴본 대로, 이미 주어진 패턴에 길들여진 우리는 목줄을 풀고도 도망치지 못하는 낙타처럼 순하게 제자리를 지키기 때문이다. 질문을 잃어버린 학생들의 특징은 일방적으로 주입되는 내용을 순순히 잘 받아들이고, 토씨 하나 틀리지 않고 잘 외운다는 것이다.

조벽 교수의 말을 인용하자면, 그런 학생은 "아이인 채로 대학에 진학" 한 것이다. 그렇다면 어른이 된다는 것은 무엇인가? 어른이 된다는 것은 스스로 계획을 세워 지식을 찾고, 끊임없이 자신의 생각을 말하고 쓰는 습관을 통해 달성된다. 학교 또는 학원이 퍼주는 지식을 고스란히 받기만 하는 것은 여전히 아이인 채로 머물러 있다는 증거다.

세계 명문대에 합격한 한국 학생들이 최근 들어 학교생활에 적응하지 못하고 중도하차하는 경우들이 발생하고 있다. 〈한인 명문대생 연구〉라는 논문에 따르면, 미국 명문대에 입학한 한국 학생의 중퇴율이 44퍼센트에 육박함을 알 수 있다(EBS, 2015:38). 그 이유는 무엇일까? 짐작하고 있는 바와 같이 그들이 이미 하나의 정답 그리고 하나의 틀 안에 자신을 묶어 버렸기 때문이다. 하나의 정답 혹은 하나의 틀은 다름 즉 차이를 인정하지 않는다. 다름은 틀림으로 곧장 분류되기 때문이다.

초등학교에 갓 들어간 한 아이가 시험을 치른다. 시험문제는 '아기가 ○○○○ 걷는다'이다. 우리는 마땅히 빈칸의 개수를 세어보는 순간, '아장아장'이라는 고정된 답을 떠올린다. 아이의 눈에 자신의 동생은 뒤뚱뒤뚱 걷는 것으로 보일 수도 있고, 엉금엉금 걷는 것으로 느껴질 수도 있다. 자신의 답지에 가차 없이 빗금이 쳐지고, 자신이 쓴 답이 오답으로 분류되어 처리되는 순간의 기억들이 쟁여지게 되면, 아이는 자신의 생각이나 느낌보다는 정답만을 찾는 사람으로 자라게 되는 것이다.

그렇게 수식어조차 정답을 하나로 만들어 고정시키는 구조에서는 질문을 하는 구성원들이 생겨나기 힘들다. 질문이란 서투르고, 설익고, 우회하고, 방황하는 틈과 사이의 시간이 주어질 때에라야 우리 안에서 움트는 것이니 말이다. 우리는 어느 날 영문도 모른 채 납치된 '그 여자'도 아니고, 무죄를 증명해야 하는 부당함에 내몰린 요제프 K도 아니며, 악에 의해 유년기를 송두리째 강탈당한 두가드도 아니다. 그러나 정답에 길들여지는 동안 우리는 스스로를 입을 다무는 '조용한' 사람으로 내몬다.

그러한 문제의 극단을 보여주는 것이 바로 헉슬리의 소설, 《멋진 신세계》이다. 멋진 신세계가 우리에게 일침을 가하는 바는 바로 침묵이 일상화된 세계, 정답에 길들여진 세계가 곧 부정의가 판치는 곳이라는 진실이다.

이곳에서 인간은 산고(産苦)를 거치며 탄생하지 않는다. 말하자면 획일적으로 배양된다. 정확하게 필요한 만큼 철저히 계층적으로 분류되어 시험관 안에서 길러지는 것이다. 물론 태어나기 전부터 계층은 정해져 있으며, 계층 간의 이동은 허용되지 않는다. 정확히 말해서 그럴 필요가 없다. 왜냐하면 태어나기 이전부터 수면학습이나 전기자극 등을 통해 자신의 상황을 당연하게 더 나아가 행복하게 받아들이도록 주입받았기 때문이다.

그리고 우울, 불안, 외로움 등 우리를 흔들리게 하는 부정적인 감정은 소마라는 간단한 알약 하나로 즉시 해결 가능하다. 할당된 역할만을 불만 없이 소화하기만 하면 죽음조차 감미로운 곳이다. 한 개의 난자가 180가지의 인간을 종류별로 생산하며, 유리병 속에 담긴 채 보육되는 인간은 지능의 우열만으로 평생의 지위가 결정된다. 물론 모든 구성원들은 한번 결정된 자신의 위치에 불만을 가지지 않도록 세뇌된 채 성장한다.

무엇이 문제일까?

가장 큰 문제는 질문을 잃은 채 순응하는 구성원의 수가 늘어갈수록 결국 정의로운 공동체는 요원(遙遠)해질 수밖에 없다는 것에 있다. 질문을 한다는 것은 외부의 강제나 기준틀을 벗어나 내 스스로가 중심이 되는 것의 기본적인 훈련이다. 그리고 그러한 구성원의 수가 늘어가는 곳에서 자리할 수 있는 것이 바로 '정의'다.

그런데 아이러니하게도 정의는 때로는 고통을 버티고, 혹은 방황하거나 흔들리면서도 스스로 서기를 포기하지 않는 구성원들 사이에서만 정립이 가능한 것이다. 멋진 신세계가 부정의한 공동체의 극단인 이유는 스스로 방황하고 흔들리며 긴 시간을 통해 자신의 중심을 정립해가는 여지가 허용되지 않기 때문이다.

(3) 타인의 삶과 정의

소스라치리만치 충격적인 사진의 주인공은 이슬람의 여인, 아이샤 모함메드자이다.

아이샤는 열여덟 살인 2009년, 탈레반이던 남편과 시댁식구의 폭력을 견디다 못해 친정으로 도망친다. 불행히도 그녀는 시댁식구들에게 되잡혀와 코와 두 귀를 잘린 채 야산에 버려진다. 오직 살아야겠다는 여린 희망으로 버티며 기어서 할아버지 댁으로 간 아이샤는 미군의 도움으로 미국으로 건너간다. 자신의 모습을 있는 그대로 타임지 표지에 실은 아이샤는 우리에게 묻는다.

아이샤 모함메드 자이

"나는 왜 잔혹한 상황에 내쳐져야 하는가?"

우리가 이제 살펴야 할 정의의 또 다른 중심축은 바로 타인의 삶과 엮여 있다. 아이샤의 사건을 공론화 하고 아이샤의 얼굴복원 수술을 주도한 것은 그녀의 측근이 아니라 생면부지의 타국 사람들이었다. 우리가 모르는 척하면 할수록 제2, 제3의 아이샤는 탈출조차 꿈꾸지 못한 채, 결국 잔혹함 속에 내팽개쳐질 수밖에 없다.

> "그렇다고 해도 모르는 척해서는 안 되는 거야. 마음속에 간직한 등불이 꺼져 버리면 어떻게 되겠니?" (우메다 순사쿠 외(2014). 《모르는 척》. p.190)

그림책《모르는 척》에 등장하는 대사처럼, 우리는 나와 먼 거리에 있는 아이샤를 외면해서는 안 된다. 그림책에는 모두의 무관심 속에서 고통받는 한 아이가 등장한다. '돈짱'이라는 이름을 가진 그 아이는 사소하고 아무렇지 않은 실수로 야라가세 일당에게 집요한 괴롭힘을 당한다. '나'는 돈짱의 고통을 모르는 척할 수밖에 없다고 여긴다. '내'가 아는 척을 하는 순간, 나 또한 야라가세 일당에게 당할 수 있기 때문이다.

물론 '나'는 어른들에게 도움을 요청한다. 그러나 나의 부모님도, 선생님조차도 돈짱의 고통에 무관심하다. 부정의는 바로 이렇게 타인의 고통을 모르는 척 외면하는 무관심 속에서 번지는 독버섯이다. 결국 변화는 '나'로부터 일어난다. 사람들이 모인 자리에서 돈짱의 고통을 모르는 척했던 '나'의 과오를 공개적으로 반성한 순간, '나'는 타인의 고통을 보듬을 수 있는 힘을 갖게 된다.

니체는 그것을 '원인애(猿人愛)'라고 표현한다. 내 곁의 사람들에게만 한정된 사랑이 인인애(隣人愛)라면, 원인애는 말 그대로 내 시선이 닿지 않는 곳, 내 관심사의 지평을 넘어서는 곳의 사람에게까지 미치는 사랑이다.

맨발로 그늘 하나 없는 뙤약볕에서 하루 10시간의 노동을 버텨야 하는 이름 모를 중앙아시아의 소녀에게, 자신의 의도와 무관하게 병사가 되어 사람을 죽이는 끔찍한 일을 기계적으로 하고 있는 아프리카의 소년에게, 그리고 무엇보다 목숨 걸고 강을 건너는 것도 모자라 중국 공안의 눈길을 피해 숨어 지내야 하는 북한의 아이에게 향하는 관심 자체가 바로 원인애다.

니체는 인인애보다 위대한 것은 바로 원인애라고 말한다. 그런데 원인애는 동정과는 다른 것이다. 동정이 일순간 발생했다 사라지는 즉흥적인 감정이라면, 동정을 넘어서서 보다 적극적이고 자발적으로 이름 모를 약자에게 다가서려는 것이 바로 원인애다.

결론적으로 말하자면, 먼 거리에 있는 타인과의 관계에서, 그들의 곤란(困難)을 모르는 척하는 방관자가 되지 않는 것이 정의의 또 다른 측면이다.

4. 정의와 분배, 어떻게 나눌 것인가?

1) 존 롤즈가 들려주는 이야기

우리가 타자의 곤란을 외면하지 않는 것이 정의의 중요한 조건이라면, 도대체 어느 정도 그들을 배려해야 할까? 미국의 정치철학자 존 롤즈(J. Rawls)는 우리에게 그것에 관해 몇몇의 중요한 원칙을 알려준다.

첫째, 무지의 베일을 쓰라는 것이다.

이해를 돕기 위해 한 가지 흥미로운 실험 상황을 빌려 보자. 실험 참가자는 얼마 전 돌아가신 어머니의 자녀들 역할을 맡는다. 그런데 돌아가신 어머니 앞으로 자녀들이 알지 못했던 빚 육천만 원이 있다고 가정해보자. 우선 자신이 자녀이기는 하지만, 몇 째 자녀인지 알지 못할 때, 참가자들은 이구동성으로 소득이 더 많은 쪽이 어머니 빚의 더 큰 부분을 분담해야 한다고 말한다. 하지만 자신이 소득이 가장 많은 자녀라는 역할을 맡았다고 가정했을 때, 참가자들의 대답은 달라졌다. 그것은 불공평하다는 것이다.

소득이 많은 것은 그 개인의 노력의 집적인 것이지, 다른 자녀보다 더 많은 돈을 내어 놓아야 할 이유가 되지는 못한다는 것이다. 존 롤즈는 그러한 우리들의 심리를 정확히 포착해내고는, 무지의 베일을 쓸 것을 권유한다. 무지의 베일을 쓴다는 것은 특정한 입장을 내세우지 않고, 가장 객관적 혹은 원칙적인 입장에서 어떠한 사안을 결정하게 하는 유일한 길이다. 내 얼굴을 모두 뒤덮어 앞을 차단시키는 베일의 효과를 통해 우리는 상대에 대한 편견, 나 자신의 입장을 벗을 수 있다(EBS, 2014).

최초로 정의에 관한 이야기를 전개한 고대 철학자 플라톤은 통치자인 철인(哲人)에게 두 가지를 허용하지 않는다. 하나는 가족이고, 나머지 하나는 돈이다. 그 이유는 무엇일까? '내 것' 을 갖는 순간 판단은 흐려지고 '나의 입장' 에 매몰되기 때문이다.

둘째, 기회는 균등하게 주어져야 한다.

존 롤즈가 말하는 기회의 균등은 명증한 것이다. 이해를 돕기 위해 예를 들어 보자. 의대에 진학하고 싶은 아이들 셋이 있다고 가정해보자. 첫 번째 아이는 가정형편 때문에 혼자서 공부를 한다. 그리고 두 번째 아이는 여러 명이 함께 공부하는 학원에 다닌다. 마지막으로 세 번째 아이는 과외선생님에게 일대일 맞춤형 수업을 받는다. 롤즈에 따른다면, 같은 수준의 재능과 능력을 지닌 사람들은 그것을 발휘할 조건도 동등하게 주어져야 한다. 부모의 학력 혹은 소득에 따라 부당한 차별대우를 받지 않는 것, 그것이 롤즈가 말하는 정의의 조건 중 하나다(EBS, 2014).

셋째, 최소 수혜자가 최대이익을 받는 것에 합의하라는 것이다.

무슨 뜻일까? 이 경우도 예를 하나 들어 보자. 핀란드의 도살공장에서 일하는 한 노동자의 연봉은 대기업에 다니는 부장의 월급과 비교할 때 크게 차이 나지 않는다. 다시 말해 좀 더 오랜 시간 자신의 능력개발에 투자한 사람의 임금이 당연히 많기는 하지만, 그 격차는 우리가 납득할 만한 범위 안에 있다. 조사에 따르면, 2014년 대기업 임원의 연봉은 대기업 일반 직원 연봉의 200~500배에 달하는 액수다. 놀랍지 않은가? 우리가 상식적으로 납득할 수 있는 차이의 허용치가 현실에도 적용되는 사회, 존 롤즈는 그런 곳을 정의로운 공동체라고 부른다.

2) 피터 싱어가 들려주는 이야기

피터 싱어(P. Singer)는 감당할 수 없는 가난에 내쳐진 사람들을 '물에 빠진 아이'로 비유한다. 물에 빠진 아이를 보면 우리는 어떤 행동을 해야 할까?

우선 죽음에 내몰린 아이를 건져야 하지 않을까? 물에 빠진 절명의 위기에 처한 아이 앞에서 필요한 것은 이성적인 판단, 냉철한 지성이 아니라 힘을 모아 그 아이를 구하려는 측은지심인 것이다. 물에 빠진 아이는 나와는 무관한 대상이다. 그럼에도 불구하고 위험에 처한 아이에게 도움의 손길을 내미는 순간, 우리는 정의와 가까워진다.

피터 싱어는 책에서 실제 사례를 하나 든다. 1964년 금요일, 캐서린 제노비스라는 스물여덟 살 여성은 퇴근길에 강도를 만나 고함을 질러 도움을 요청한다. 단 한 명에게도 도움을 받지 못하고 그녀가 잔인하게 살해된 뒤 충격적인 사실이 밝혀진다. 그것은 그녀의 비명소리를 들은 사람이 38명이었지만, 그들 중 단 한사람도 그녀를 도우려 하거나 심지어 경찰에 신고하지 않았다는 사실이다. '제노비스 신드롬' 혹은 '방관자 효과' 라고 불리는 무관심은 우리 안에도 자리하고 있지는 않은가?

제노비스 사건 이후 학자들은 실험을 했다. 아르바이트 학생을 모집하여 설문조사에 참여해달라고 부탁한 뒤, 커튼으로 쳐진 옆방에서 한 여성이 마치 의자에서 떨어지는 듯한 소리를 낸다. "움직일 수가 없네. 아야, 내 발목. 이……이걸……치울 수가 없어……" 혼자 설문을 작성하던 학생들 중 70퍼센트는 돕겠다고 즉각 나섰다. 그런데 같은 경우 옆에 누군가가 있고 그 사람이 모르는 척하고 있는 상황에서는 단 7퍼센트만이 움직였다(피터 싱어, 2009:82).

피터 싱어의 논의에 동의하자면, 내가 모르는 이에게 망설임 없이 즉각 도움의 손길을 내밀 수 있는 것이 바로 정의로운 공동체다.

3) 토머스 모어가 들려주는 이야기

정의가 완전한 형태로 실현되는 곳을 무엇이라고 부를 수 있을까? 그것은 바로 '유토피아(utopia)' 이다. 그곳에서는 모든 사람이 평등하며 따라서 모든 사람이 행복하다. 모두가 자신의 능력만큼 일하고, 부당한 차별대우를 받지 않으며, 충분한 여가 시간을 갖는 곳. 토머스 모어가 간절한 바람을 갖고 구상한 유토피아는 글자가 가진 의미 그대로 현실에서는 불가능한 곳이다. 짐작하는 바처럼, 열심히 살도록 우리를 추동하는 에너지는 남보다 앞서가려는 욕망으로 인한 것이기 때문이다. 그러한 사실을 꿰뚫은 토머스 모어가 우리에게 제안하는 최소한의 정의는, 원칙을 함께 정하고 그 원칙을 지켜가는 것이다.

토머스 모어가 살던 당시의 영국에서는 농토를 싸게 사들여 농사를 짓는 대신 양을 키우고 그 양털을 팔아 막대한 이익을 남기는 사람들이 등장했다. 농토를 빼앗긴 농민들은 도시의 노동자로 떠돌게 되고, 죽도록 일해도 주린 배조차 채울 수 없는 가난에 내몰린다. 가난에 겨워 도둑질을 하는 사람들이 많아지는 것에 골머리를 앓던 정부는 '도둑질은 곧 사형'이라는 극단적 조치를 취한다. 그러나 도둑은 사라졌을까? 오히려 도둑의 수는 더욱 늘어갔다. 기본적인 생계조차 보장받지 못하는 이들에게는 강력한 처벌보다 두려운 것이 바로 굶어죽는 일이기 때문이다. 토머스 모어는 이러한 현상을 일컬어 "양이 사람을 잡아먹는다"라고 했다.

오늘날도 별반 다르지 않다. 가진 자와 가지지 못한 자의 경제적인 격차가 크면 클수록 우리 사회는 부정의해질 수밖에 없고 또한 위태로울 수밖에 없다. 그 격차가 서로 납득할 만한 수준을 유지할 수 있는 곳, 그런 곳이 바로 토머스 모어가 말하는 정의로운 공동체다.

생각해봅시다.

1. 존 롤즈가 말하는 정의의 원칙은 무엇인가?
2. 세 가지 이야기를 통해 드러나는 부정의는 어떤 것인가?
3. 대학생들이 질문을 하지 않는 이유는 무엇인가?
4. 정의의 기본적인 조건에는 무엇이 있을까?
5. 자유와 정의의 관계는 어떻게 규정해야 할까?
6. 한국사회는 정의로운 사회인가?

[도움 줄 책]

- EBS(2015). 《왜 우리는 대학에 가는가》. 해냄.
- 올더스 헉슬리. 이덕형 역(1998). 《멋진 신세계》. 문예출판사.
- 토머스 모어. 주경철 역(2007). 《유토피아》. 을유문화사.
- 플라톤. 최현 역(1997). 《플라톤의 국가론》. 집문당.
- 프란츠 카프카. 박환덕 역(1998). 《심판》. 범우사.
- 존 롤즈, 황경식 역(2003). 《정의론》 이학사.
- 피터 싱어. 함규진 역(2009). 《물에 빠진 아이 구하기》. 산책자.

제 7 장
꿈을 이루고 성공한다는 것은 무엇입니까?

꿈을 이루고 성공한다는 것은 무엇입니까?

'꿈'이라는 단어가 연상시키는 이미지는 풋풋함, 생기, 희망 등이 있다. 아이들에게 "너는 꿈이 뭐야?"라고 물을 때 대부분의 경우 묻는 어른이나 답하는 아이 모두 약간의 설렘을 갖고 대화를 한다. 왜냐하면 두 사람 모두 꿈이라는 '가능성'에 집중하고 있기 때문이다. 아직 결과로 드러나지 않았기 때문에 풋풋하고, 관심과 에너지를 모으고 있기 때문에 생기 있으며, 이루어질 것이라는 믿음과 긍정성 때문에 희망차다. 아이들뿐만 아니라 청소년기와 성인의 대열에 합류한 경우에도 꿈은 우리를 가슴 뛰게 만든다. 지루함이 동반되는 매일의 일상에서 탄산수 같이 톡 쏘는 자극제가 되기도 하고, 꿈을 이루고자 하는 강렬한 열망의 에너지는 주변의 분위기마저 바꾼다.

아이가 태어나 자라면서 자신의 꿈을 설정하고, 꿈을 이루는 과정의 크고 작은 시도들이 누적되어 결과가 나오기까지는 많은 일들이 일어나고 희비가 엇갈린다. 꿈을 이뤄 성공적인 삶을 살기도 하고, 결과를 내지 못해 좌절을 겪기도 하지만 이 모든 것들이 삶을 살아가는 것이고 성장해가는 것이다. 일시적으로는 퇴보하기도 하고 모든 것을 잃은 것 같은 허무감에 망연자실하기도 하지만, 시간이 지나면 상처 난 자리에 새살이 돋고, 흉터는 아픈 기억으로 남지만 삶을 또 다른 시각으로 바라보게 성숙시킨다.

인간에게 있어서 '꿈'이란 무엇이고, 그것을 이룬다는 것은 어떤 의미일까? 꿈을 이루는 것만이 성공이고, 이루지 못하면 실패일까? '성공한다'는 것은 객관적인 기준이 있는 것일까? 우리는 어떤 사람에게 '당신은 성공자'라고 말할 수 있을까? 실패한 사람은 모두 낙오자인가? 꿈은 결과가 나와야만 의미 있는 것일까? 성공과 실패는 결과로만 평가되고, 그 과정은 어떻든 상관없는 것일까?

모두가 바라는 '잘 사는 삶'에서 빼놓을 수 없는 요소인 '꿈과 성공'이 두 단어가 의미하는 것은 무엇이고, 우리의 삶에서 어떤 영향력을 발휘하는지 살펴보도록 하자.

1. 나와 나의 꿈

생계를 해결하기 위한 직업이 되었든, 자아실현을 위한 일이 되었든 그것을 하는 사람은 '나'다. 내가 무엇을 좋아하고, 무엇을 잘할 수 있으며, 무엇을 하고 싶은지를 제대로 이해하지 못한다면 그 어떤 좋은 일이나 직업이 주어진다 할지라도 행복해질 수 없다. 그래서 먼저 정립되어야 할 것은 '나'라는 사람이 어떤 사람인지 이해하고, 내 안의 꿈을 구체적으로 그리는 것이다. 그리고 그 '꿈'을 이루기 위해 무엇이 필요한지, 그 안에서 무엇을 목표로 잡고 어떤 계획을 세워 실행해나가야 할지를 구체화시켜야 한다.

1) 나는 누구인가?

'나는 누구인가?', '나는 무엇을 좋아하고, 무엇을 싫어하는가?', '나는 무엇을 원하고, 무엇을 원하지 않는가?', '내 취향은 무엇이고, 내 적성에 맞는 것은 무엇인가?', '나는 어떤 사람들을 좋아하고 어떤 사람들과 함께할 것인가?' 등 살아가면서 자신의 존재에 대해 묻는 일이 많지는 않다.

이런 물음을 던지는 것은 진로 선택이나 직업, 결혼, 규모가 큰 돈을 써야 할 때 같은 중요한 선택의 기로에 서 있거나 삶의 전환점을 맞이하는 경우일 때가 많다. 성격이나 직업의 특성상 이런 물음들을 일상적으로 묻는 경우도 있겠지만, 대부분 잘 묻지도 않고 묻는다고 하더라도 답을 내리기가 쉽지 않다.

성장환경이나 살아가는 환경이 이러한 물음을 던질 수 있는 문화인 경우도 있고, 그렇지 않은 경우도 있다. 그리고 환경이 물음을 가능하게 하더라도 개인의 성향이 게으르거나 단순하여 필요성을 못 느낄 수도 있다.

그러나 삶의 과정에서 단 한번도 이러한 의문 없이 살아갈 수는 없다는 것은 문제이다. 누구에게나 변화의 위기는 찾아오고, 그것을 기회로 만들 것인지 위험으로 만들 것인지 선택해야 한다. 잘 대처해서 만족스러운 삶을 살려면 우리는 무엇을 해야 할 것인가?

자기 자신을 잘 이해하는 것을 '자기정체성'이 제대로 정립되었다고 말한다. 청소년기를 거쳐서 청년기를 지날 때 자기정체성이 잘 정립된다면 매우 바람직하지만, 성인기 심지어 노년이 되어서도 자기정체성이 형성되지 못하는 경우도 있다. 언제나 주변의 누군가가 정해놓은 대로 따라 가거나 힘들다고 계속 피한다면 정체성 형성은 불가능하다.

자기 스스로 자신의 삶의 주인이 되지 못한다면 삶의 충만감이나 행복감을 제대로 느낄 수 있을까? 결과가 좋은 일들은 그나마 주어지는 보상 때문이라도 어느 정도 만족하겠지만, 실패할 경우에는 좌절감뿐만 아니라 삶이나 주변에 대한 원망이 솟구치고 속은 듯한 감정에서 벗어나기 힘들 것이다.

'자기정체성'이 제대로 형성되기 위해서는 앞에 나왔던 질문들을 통해 자기 자신을 성찰하고 이해하는 것이 먼저 필요하다. 내가 무엇을 좋아하고 잘하는지, 무엇을 싫어하고 못하는지, 그리고 무엇을 원하고 하고 싶어 하는지를 파악할 수 있어야 한다. 그렇게 하려면 먼저 자신에게 '솔직해져야' 한다.

자신의 성격적 특성, 신체적 한계, 남성 또는 여성으로서 가지는 장단점, 시공간적 제약, 물질적 한계, 가족이나 주변의 관계적 조건 등 나 자신과 나를 둘러싼 환경을 객관적이고 솔직하게 인정하고 평가하는 것이 선행되어야 한다. 그러한 바탕 위에서 내가 할 수 있는 것과 할 수 없는 것, 해야 할 것과 하지 말아야 할 것 등이 정리되고, 제대로 된 결정과 선택이 이루어져야 한다. 이러한 도전과 응전의 과정, 시행착오의 과정들이 축적되면서 우리의 자아는 끊임없이 제 모습을 갖추게 되고, 어느 누구와도 다른 나 자신의 '정체성' 이 완성되어가는 것이다.

그러나 우리는 대부분 솔직해지기도 쉽지 않고, 우리가 원하는 것이 무엇인지도 잘 모른다. 왜냐하면 성장과정에서 자율적으로 선택할 기회도 많지 않았고, 동양문화의 특성상 집단주의적인 색채가 강하므로 적당한 수준에서 주변과 맞춰 살아가면 큰 문제없이 무난한 삶을 살 수 있기 때문이다. 그래서 성인이 되었음에도 불구하고 스스로 선택하고 주변과 비교하지 않는 것이 낯설고 힘들게 느껴진다. 차라리 매뉴얼이 적당히 주어지고 지시하는 누군가가 있으면서 주변사람을 따라하는 것이 적응하는 데 편하고 행동에 대한 부담도 덜 느낀다. 이처럼 수동적인 데 익숙해 있는 경우에는 자율적 선택의 모험을 감행하기보다는 트렌드를 적당히 따르는 것이 더 유리하다. 하지만 언제까지 그렇게 버틸 수 있을 것인가?

자신이 어떤 인간인지 파악하는 것은 타인과의 접촉과 교류를 통해 가능하다. 일과 관계를 통해서 나 자신을 알아가고, 그것을 기초로 더 나은 인간으로 발전하는 것이다. 관계 속에서 발견되는 요소들은 자기성찰을 통해 변화시키고 성장시켜야 한다.

그러므로 나의 '자기정체성' 을 정립하기 위해서는 끊임없는 '도전' 이 필요하다. 새로운 일, 새로운 관계를 시도하는 실행과정을 통해 자신의 적성, 능력, 의지, 삶의 목표들을 깨닫게 된다.

우선 닥치는 대로 자신의 눈에 들어오거나 귀에 들리는 일을 용기내어 시도해보자. 인간은 누구나 체력적으로, 경제적으로, 환경적으로 나름의 한계가 있기 때문에 보이는 것, 들리는 것을 모두 시도할 수는 없다. 하지만 여건이 주어지는 한에서 도전과 시행착오를 거치다보면 자신이 가진 많은 것들을 깨닫게 된다. 그리고 그것이 진정한 내 것인가를 반성, 성찰하는 과정이 꼭 필요하다. 외부적 자극을 통해 변화의 필요성이 시작되지만 그 변화가 나 자신의 '고유성'을 잃게 만들어서는 안 되기 때문이다. 개방성을 유지해야 하지만 어느 시기에는 세상 사람들의 말이나 매체에 나오는 전문가나 연예인의 화려한 이미지에 관심을 끄고 '내가 진정으로 그것을 원하는가?'를 솔직하게 반성해보는 '습관'을 들여야 한다. 감각적인 욕망에 혹해서 휘둘릴 것이 아니라 정말 내 안에서 우러나오는 '진정한 욕망'에 귀 기울이고 발견하고자 노력할 때 '나 자신답다'는 것이 가능해지고 그것이 점점 더 힘을 가지게 되어 내가 만든 삶의 결과물들에 진정한 행복감을 느끼게 된다.

2) 당신의 꿈은 무엇입니까?

우리는 '3포(직장, 연애, 결혼) 시대'를 살아가고 있다. 어린 시절에 꾸었던 꿈들은 비현실적인 허상이라고 치부되며, 먹고사는 것도 해결하기 힘든 상황에서는 쓸데없는 사치로 평가된다. 그렇다면 꿈은 먹고사는 기본적인 욕구가 해결된 상황에서야 꿀 수 있는 것일까? 꿈을 꾸고 그것을 이루기 위해 노력하다보면 먹고사는 것들은 자연스럽게 해결되는 것이 아닐까?

꿈을 이루기 위해 한 발 한 발 내딛다보면 어느 순간 꿈보다 경쟁에서 살아남는 것에 급급해하며 하루하루를 보내는 자신을 발견하는 시기가 온다. '나는 왜 이 일을 하고 있을까? 이 일이 내 인생에 어떤 의미가 있을까? 내가 과연 이 일에 맞을까?' 등을 되묻는 시점이다. 현실도 모른 채 겁 없이 뛰어들었다는 후회가 밀려오면서, 자신을 둘러싼 힘든 여건과 상황에 초점을 맞춘다. 헛고생하고 있는 것은 아닌가? 나같이 능력 없는 사람이 꿈을 꾸고 성공을 원한다는 것은 착각이었다는 생각이 머릿속을 꽉 채운다. 시간과 노력을 낭비할 것이 아니라 더 늦기 전에 손 떼는 것이 맞다고 확신한다. 그래서 포기해버리면 안전하고 소박한 삶이 나를 기다리고 있을까? 남은 긴 인생을 살다보면 내 수준에 딱 맞는 꿈이 나타나고, 고생스럽지 않은 수준에서 포기하지 않고 계속하기만 하면 어느 시기에 적당한 결과가 나오는 일이 가능할까? 앞서 말한 일들이 실제로 일어난다고 하더라도, '진짜 내 꿈'에 대한 미련 없이 충만한 삶을 평생 살아갈 수 있을까? 물론 그럴 수도 있고 아닐 수도 있다.

중요한 것은 그냥 단순한 필요에 따른 결과물이 아니라, 정말 나에게 가치 있는 결과물인가 아닌가의 문제다. 내가 원하는 삶, 내가 하고 싶은 일, 내가 선택한 것들에 대한 확신이 결과로 드러나고, 스스로를 인정하면서 자존감이 커져가는 나만의 가치로움이 삶에서 확인될 때 그 누가 부정한다 하더라도 나 자신은 지금까지 잘 살아왔고, 앞으로도 행복한 삶을 살아갈 수 있다는 자신감과 충만감을 경험하게 된다.

그렇다면 왜 이런 충만감은 소수에게만 경험되는 것일까? 일차적으로 대부분의 사람들이 자신의 꿈에 대해 막연하게 생각하고 있기 때문이다. 성공과 충만감을 거머쥔 사람들의 이야기를 접하게 되면 그렇게 살아야 한다는 생각이 들어 어느 정도 시도하다가도, 크고 작은 한계에 부딪히다보면 어느새 당위의식은 사라지고 없다. 나 자신도 힘들고 주변 사람들도 괴롭게 만드는 것 같고, 상황이나 여건도 받쳐주지 않는 것 같다는 등의 여러 가지 이유들 때문에 스스로 타협하는 것이다.

꿈은 정말 이루고 싶지만 되면 좋고, 안 되면 할 수 없는 것일까? 힘들거나 상황이 안 되면 포기하는 것일까? 그것은 꿈이 아니라 바람이다. 제대로 정립된 꿈은 바람이 아니라 이루지 않으면 안 되는 것을 의미한다. 그렇다고 삶의 중요한 요소들을 모두 희생해가면서 밀어붙이라는 의미는 아니다. 적어도 그런 각오로 덤벼야지만 내가 원하는 결과를 거머쥘 수 있다는 것이다. 그래서 꿈이 꿈으로 끝나버리지 않기 위해서는 꿈을 가꾸고 키우는 시기가 필요하고, 결과가 나올 때까지 참고 견디고 극복해내는 끊임없는 노력과 성장의 기간이 필요하다.

누구나 꿈을 이루고 싶고, 성공과 성취가 내 것이 되기를 바란다. 그렇지만 모두가 똑같은 능력과 여건에서 시작할 수 있는 것은 아니다. 누군가는 큰 꿈을 꾸고, 누군가는 작고 소박한 꿈을 꾼다. 누군가는 능력 이상의 꿈을 꾸기도 하고, 누군가는 자신의 잠재력에 비해 작은 꿈을 꾸기도 한다. 어떤 크기의 꿈을 꾸든, 어떤 내·외적 능력을 가지고 있든, 그것을 이루는 과정이 쉽지 않은 것은 똑같다. 먼저 모든 사람이 꿈과 관련된 여러 가지 요인들에 있어서 이런 평등함과 불평등이 함께 있다는 것을 받아들이는 데서 생각을 시작해야 한다. 내가 가진 내·외적 한계를 인정하고 세상이 불평등함을 받아들이는 데서 출발해야 할 뿐만 아니라 "신(神)은 우리가 견딜 수 있을 만한 시련을 주신다"는 것도 받아들일 필요가 있다. '왜 나한테만 이런 시련이 있는 거야?' 라고 원망하는 데 시간을 낭비해봤자 내 꿈에서 나를 멀어지게 만드는 일밖에 일어나지 않는다. 시련에 부딪혀도 큰 뜻을 잃지 않기 위해서는 먼저 자신의 인생관이 정립되어야 한다. 내 꿈은 무엇이고, 나는 왜 그 꿈을 꾸고 이루고자 하며, 성취과정에서 어떤 태도와 자세를 가질 것인지, 그 결과물을 어떻게, 누구와 나누려고 하는지 등의 구체적인 이유와 목표, 계획이 정립되어 있어야 내 뜻대로 결과가 나오지 않아도 흔들리지 않는다. 그리고 꿈을 이루기 위해 어떤 수단을 선택하고 누구와 함께해야 하는지도 고민해보아야 한다. 자신의 삶에 대한 자기철학과 제대로 된 직업 선택은 수단과 목적이 전도되지 않기 위해 꼭 정립해야 할 근원적인 요소이다.

꿈을 긍정적으로 꾸고, 최선을 다해 노력한다고 하더라도 한계를 느끼게 만드는 여러 요인들이 작용한다. 타고난 외모와 지적능력, 환경, 경제력, 운 등 희망과 능력 사이에, 또 능력과 성취 사이에 여러 가지 요인들이 작용해서 자신의 뜻과 다른 방향으로 가기도 한다. 그렇다면 어떻게 해야 할 것인가? 일단 받아들이고 인정해야 한다. 그리고 그 지점에서 다시 고민하고 대책을 세우고 나아가야 한다. 그렇게 하지 않으면 대책을 세우기도, 문제를 해결하기도, 나아가서 행복해지기도 쉽지 않다.

우리가 접하는 자기계발서들은 크게 두 가지 종류가 있다. 하나는 내부의 잠재력을 끌어내어 내가 성공하는 법을 알려주고 훈련하는 것이고, 다른 하나는 한계를 인정하고서 그 안에서 행복해지는 법을 깨닫게 만드는 것이다. 우리가 꿈을 꾸고 성취하는 것과 관련해서는 전자의 계발서들이 많은 도움을 준다. 그러나 삶이 나를 속이는 것 같은 일들이 우리 인생에는 벌어지기도 한다. 그럴 때 우리는 그만 살아야 할까? 그렇지 않다. 그리고 하고 싶은 것을 할 수 없는 상황이 되면 대충 포기하고 그냥 살아야 할까? 그렇지 않다. 우리의 생명이 붙어 있는 한 우리는 계속 살아야 하고, 하고 싶은 것을 할 수 없다면 할 수 있는 것, 작은 성취습관을 키워 나갈 수 있는 것에 초점을 맞춰야 한다. 여기에 후자의 계발서들이 많은 도움을 준다.

아무리 하고 싶고 좋아하는 일이라고 하더라도 결과가 나오지 않으면 지치기 마련이고, 나중에는 하고 싶지도 않고 싫어지기까지 한다. 그러나 잘할 수 있고, 또 결과가 나와 보상을 받다보면 점점 더 좋아지고 더 잘하려고 노력하는 상승곡선을 긋게 된다. 그러므로 자신이 하고 싶은 것과 잘할 수 있는 것을 정직하게 분석하고 시도하는 것은 매우 중요한 것이다. 이와 같이 우리가 인생을 살아가고 무엇인가 결과를 내는 데는 많은 일들이 벌어진다. 내 뜻대로, 내 의지대로 일이 풀려나가면 더할 나위 없이 좋겠지만 그렇지 못한다 할지라도 나 스스로 최선을 다했음을 인정할 만큼 실천하고, 결과는 하늘(神)에 맡겨 보겠다는 마음도 가질 수 있어야 한다.

3) 인간은 노동하는 존재

한때 인구에 회자되었던 '열심히 일한 당신, 떠나라!' 라고 하는 카드회사의 광고문구가 있었다. 열심히, 부지런하게 일하고 나서 휴식과 재충전을 위해 일탈의 즐거움을 맛보라는 의미와 함께 여행이나 휴가를 즐길 때 신용카드로 소비를 부추기는 의미가 내포되어 있다. 그러나 앞서 언급한 이 간단한 문구 안의 해석 가능한 의미는 무궁무진하다.

먼저 '열심히 일한 당신' 에서 우리가 유추할 수 있는 것은 '근면한 노동' 에 대한 가치이다. 노동은 인간이 생존하기 위해 자연에서 생존수단을 획득하는 물질적 활동이면서 가장 본질적인 실천 활동으로, 인간 역사에서 이 노동의 가치가 제대로 해석된 것은 근대 자본주의 사회에서부터다. 중세까지만 하더라도 노동은 노예나 하층계급인 농노의 전유물로 여겨졌다. 물론 원시공산사회까지 소급해서 올라가다보면 노동은 공동체 구성원 모두에게 요구된 것이겠지만, 현대소비사회까지 연결된 역사발전단계 중 생산력과 생산관계 사이에서 발생하는 부가가치와 소유문제의 핵심으로 노동문제가 떠오른 것은 근대사회부터이다. 특히 종교개혁 시기에 이루어진 프로테스탄트들의 근면적 생활관은 소명으로서의 노동의식이 종교적, 문화적 가치를 가지는 계기가 되었다.

17세기 영국 자유주의 사상의 소유권 이론에 대한 대표적 학자인 로크(John Locke)에 따르면, 노동은 인간과 자연을 매개시켜 생존을 가능하게 할 뿐만 아니라 자연을 변형시켜 인간의 것으로 만드는 작업이다. 그러므로 노동을 행사한 개인이 노동 대상인 자연의 일부를 소유할 수 있는 것은 정당하다고 주장하였다. 이것은 인간의 존엄성을 지키기 위한 기본권 중에서 생존권을 유지하기 위해 자신의 생명유지에 필요한 것을 구하는 것은 당연하고, 이 '자기보존의 권리' 는 노동을 통한 결과물의 전유(專有)를 정당하게 여기는 '소유의 자연권' 도출로 연결된다.

사회계약을 통해 이루어진 시민사회는 개인들이 생산적, 소유적 활동을 추구하는 데 있어 장애물이 발생하지 않도록 여건을 조성하는 데 의미가 있고(야경국가관), 시민사회의 자유 · 권리 · 의무 · 정의 등의 제 개념들은 이러한 '소유 지향적 개인주의'를 근간으로 형성되었다. 노동을 통해 자연에서 생존수단을 획득하고, 여기에서 나오는 부를 축적함으로써 전근대사회에서 인간을 구속하던 다양한 억압들, 예를 들어 신분, 가난, 질병, 종교 등에서 해방될 것이라고 여겼다. 자연에 대한 개인들의 전유와 개인들 간의 소유의 차이는 각자가 자연에 가하는 노동과 거기에서 나타나는 근면성과 합리성에 달려 있다고 보았다. 즉 개인들 스스로의 노력에 따라 소유의 차등이 발생하는 것은 정당하며, 부(가치) 창출의 원천이 이러한 근면한 노동에 달려 있다는 '노동가치설'이 확립되었다. 자연은 재료에 불과한 것으로, 필요에 따라 변형하기 위해서는 노동 이외에도 인식능력(원료에 대한 지식)과 사유(생산도구의 발명)가 요청되며 합리성(작업과정의 능률화 = 분업)을 통한 생산성 제고는 부의 정당한 축적방법이라는 것이 초기 부르주아지 사상의 기본 범주였다. 이러한 자본주의적 가치관은 화폐제도의 도입과 연결되면서 교환가치가 확립되고, 무한한 재산의 축적이 합리적인 것으로 제도화 되었다.

문제는 필요한 소비품 이상의 양을 공급할 토지를 타인의 노동에 의해 전유하는 것도 합리적인 것으로 여겨졌는데, 타인의 노동과 노동의 결과물이 화폐로 교환(임금)되어 축적이 가능하기 때문이다. 노동은 실체이며, 실체로서의 노동은 신체의 일부이므로 노동과 노동을 통해 계량화된 자연의 일부는 행위자에게 소유되는 것이다. 그러나 자유인이 특정한 고용기간 동안 임금을 받고서 자신의 노동을 양도할 때 그러한 노동의 산물은 자신의 것이 아니라 고용주의 소유가 된다. 임금을 받고 일정 시기 동안 타인에게 양도된다는 것은 중세적 신분구조로부터 개인의 해방을 의미하는 것이었다. 그러나 이때 노동은 노동=노동력이 되고, 그것이 교환 가능한 상품이 되었음을 의미하고, 상품으로 팔린 노동은 구매자, 즉 고용주의 소유가 된다. 이때 노동을 양도하는 노동자의 경우 임금노동자가 자신의 고용주에게 인정받을 수 있는 권리는 무엇인가? 노동을 통해 자아를 실현하는 기회와 자신이 산출한 부에 대해 상당 몫을 차지할 수 있는 권리 등은 어떻게 정당화 되어야 하는가?

마르크스(Karl Marx)는 생존에만 겨우 충당되는 대가로 자신의 노동의 산물을 타인에게 넘겨주는 것은 양도가 아니라 자신을 빼앗기는 것이라고 말했다. 그래서 로크의 노동개념은 부르주아지 중심의 소유 지향적 개인주의에 불과하다고 비판한다. '자신을 빼앗긴다' 는 것은 마르크스의 인간관에서 형성된 개념으로, 마르크스는 다양한 형태의 인간의 본질 중에서 '노동' 을 인간의 본질로 파악한다. 노동은 신체의 일부가 아니라 자신을 외화(外化)시키는 자아실현의 활동이며, 그 결과물인 노동의 생산물은 인간 본질이 외화된 모습인 것이다. 즉 나의 일부가 밖으로 현현된 실체이다. 그가 이렇게 보는 이유는 노동이 인간발달의 근본 원인이기 때문이다. 인간은 동물과 달리 타인 또는 자연(세상)과의 노동을 통해 상호 작용을 위한 언어를 발달시켰으며, 사유와 연관된 언어의 발달은 두뇌와 오관의 발달을 촉진시킨다. 그러므로 노동 · 언어 · 사고 · 사회는 불가분의 관계이며, 인간은 근본적으로 유적 존재(類的 存在), 즉 공동체적 존재, 관계적 존재인 것이다.

인간의 근본적 존재양식인 노동이 자본주의 구조하에서는 자신의 외화인 노동의 결과물을 임금과 맞바꾸게 되고, 그 결과 임금노동자의 노동은 '자신으로부터 소원' 해지는 노동, 즉 '소외된 노동' 이 된다. 마르크스는 교환가치가 전제된 노동은 '영리행위' 로 자아실현이 사라진 소외된 노동이며, 이것은 노동주체로부터 노동이 분리되고, 노동이 노동대상으로부터 분리되며, 노동자가 자신의 생존수단인 임금을 위해서만 노동을 해야 하는 상황에서는 필연적 귀결이라고 주장했다. 그래서 그는 개인(개체) 중심의 사유주의 관점에서 노출되는 '노동가치설' 이 아니라 노동을 인간 삶의 관계 중심적 존재양식으로 보는 '노동문화론'의 관점에서 노동을 이해할 때 노동(일)을 일(임금, 수입) 자체로만 보는 소외적 관점, 기능적 관점에서 벗어날 수 있다고 보았다.

이와 같이 노동은 인간이 세상, 사물, 사람과 교류하면서 자신을 확인하고 성장시켜 나가는 근원적인 방식이다. 성경에 나오는 최초의 인류인 '아담(Adam)'이라는 이름의 유래만 보더라도 창조주가 인간을 만든 근원적인 의미를 유추할 수 있다. Adam은 Adama라는 히브리어에서 나왔는데, Adama는 '땅을 일구는 자' 즉 노동을 통해 땅을 일구고, 땀을 흘리는 '수고로움'이 우리의 존재론적 방식임을 암시하고 있다. 신(神)이 우리에게 요구하는 삶의 방식은 일용할 양식을 얻기 위해 근면한 노동이 기초가 되어야 하고, 그 노동을 통해 성스러워지고 거룩해질 수 있음을 의미한다. 여기에는 '사회성'과 '가능성(자아실현)'의 의미가 함께 함축되어 있다. 노동은 자신의 내부에 잠재되어 있는 가능성을 끄집어내도록 만들고, 세상과의 관계를 통해 교류를 하면서 그 가능성들이 현실 속에서 구체적으로 실현되도록 만들어 준다. 그 과정의 시행착오를 통해 가능성의 수정과 발전이 이루어지면서 사회성이 키워지고 자아실현의 행복감을 경험한다. 이것은 나 자신이 세상 속에서 의미 있는 존재임을 자각하도록 만들며 인간의 존엄성을 확인하는 존재론적 방식이다.

이 절의 서두에서 언급했던 '열심히 일한 당신, 떠나라!'의 문장으로 다시 돌아가보자. 어느 사회든지 자본이 축적되는 산업화의 시기에 '근면'은 매우 중요한 덕목으로 간주된다. 부를 창출하려면 가장 기초적인 것이 열심히, 부지런히 일하는 것이기 때문이다. 그러나 현대소비사회인 후기산업자본주의에서는 이러한 미덕의 기준이 변화된 것 같다. 왜냐하면 어떤 일에 대한 선택이 잘못된 경우 열심히, 부지런히 일한다고 하더라도 아무런 결과가 없는 경우들이 많기 때문이다. 삶 전반의 선택지가 다양해지면서 어디에서 무엇을 해야 결과가 나올지 모호해졌다. 노동이 아니라 자본이 부를 증식시키고 아이디어가 가치를 창출하는 분야가 존재하는 등 새로운 트렌드가 끊임없이 나오고, 이미지가 판단에 결정적인 역할을 한다. 그러다보니 열심히 일하는 것과 상관없이 즐기고 누리고 싶어 하는 '소비문화'가 지배적이다. 그러나 나는 과연 '떠날' 만큼 열심히 일해 보았는지 생각해보자. 소비문화를 누릴 만큼 '돈'에 대한 인식과 공부가 되어 있고, 몸으로, 경험으로 부딪혀 보았는지 돌아보자.

'열심히' 일해야 '떠나서 누리는' 즐거움도 제대로 느낄 수 있다. 사람은 땀을 흘려야 감각의 즐거움도 맛볼 수 있고, 육체와 정신의 조화가 제대로 이루어질 때 가장 좋은 컨디션을 느낄 수 있다. 힘이 들거나 고통스러움의 크기에 비례하여 여유와 휴식의 달콤함도 커지는 것이다. 그러나 이러한 진실을 받아들이기는 쉽지 않다. 편하고 싶고, 누리고 싶고, 즐기고 싶은 욕구가 항상 우리의 발목을 잡는다.

우리는 누구나 게으르고 싶다. 욕망이 시키는 대로 내버려두고 싶고, 몸이 원하는 대로 따르고 싶다. 힘들고 어렵고 새로운 것을 피하고 싶다. 끝없이 퇴행하고자 하는 '게으름'의 실체는 무엇일까? 그것은 '악(惡, Bad)'이다. 즉 '게으름 = 악'인 것이다.[1] '악'은 자기 자신을 포함하여 존재하는 모든 것들이 바르고 선하게 성장하고 발전하는 것을 저해하고 싫어하는 힘(영향력) 또는 그에 준하는 어떤 것이다. '게으름'이 '악'인 이유는 자신을 끌어내리고 영혼의 성장을 방해하기 위해 우리 속에 숨어 있는 힘이기 때문이다. 이것은 단순히 일을 열심히 하지 않거나 타인을 위해 헌신하지 않는 것 등의 문제를 넘어서는 삶과 세상에 대한 근원적인 태도와 의식 상태를 말한다. 그러므로 게으름은 사랑의 반대말이다. 누군가를 미워하고 괴롭히는 것이 사랑의 반대가 아니라 게으름, 즉 무관심과 어떤 형태로든 에너지를 쏟지 않는 것이 사랑의 반대인 것이다. 드러나는 형태와 정도의

---

1) '게으름'과 '악'에 대해서는 다음 책에서 잘 다루어져 있다.
모건 스콧 펙. 신승철 · 이종만 역(2007). 《아직도 가야 할 길》. 열음사.

차이는 있지만 그 본질은 똑같다.

'게으름'의 주된 형태는 '두려움'인데, 이 때문에 대부분의 사람들이 자신이 게으르다는 것을 인지하지 못한다. 성장하고 발전하기 위해서는 반드시 '변화'가 필요한데, 대부분이 약간의 변화조차도 하지 않으려는 이유는 변화와 함께 동반되는 '수고로움'이 두렵기 때문이다. 새로운 것을 채우기 위해 익숙해진 내 것들을 버려야 하는 두려움, 그로 인해 지금의 나 자신을 잃어버릴지도 모른다는 두려움이 앞을 가로막는다. 그래서 정작 변화해야 할 것들은 애써 외면하고, 부차적이거나 본질적이지 않은 것에 매달려 부지런을 떤다. 이것은 그야말로 자신을 기만하는 것으로 이것을 극복하지 못하면 어떤 장애물도 넘을 수 없다.

이러한 게으름을 극복하기 위한 방법은 내가 무언가를 망설이고 있음을 깨달았을 때, 영 내키지 않는 쪽으로 걸음을 옮기는 것이다. 귀찮은 것, 하기 싫은 것, 수고로움을 택하는 훈련을 해야 한다. 누군가에 의해 나 이외의 어떤 다른 이유로 그것을 선택하는 것이 아니라 스스로의 의지와 자율로 '나를 일으켜 세워야' 한다. 어떤 상황에서도 나 스스로를 세우는 '자립(自立)'은 인간에게 '운명' 같은 것이므로, '수고로움'은 인간의 '존재론적 조건'이다. 힘든 것, 고통스러운 것을 받아들이고 내 안에 있는 다양한 형태의 게으름을 인정하고, 극복하려고 도전하는 것에서 자립은 시작된다.

자립적 · 자율적이 되지 않으면 '사랑'과는 점점 더 거리가 멀어진다. 왜냐하면 인간은 누구나 자신을 끊임없이 힘들게 하고 끝없이 의존하려 드는 사람은 싫어지기 마련이다. 자기 자신 하나도 제대로 자립하기가 힘이 드는 법인데, 자식이나 부모의 경우라도 어느 정도의 시간이 지나 서로 독립적으로 분리되지 않으면 갈등이 생기고 미워지는 것은 어쩔 수 없다. 모든 관계는 상호적인 것으로 일방적인 희생이나 일방적인 의존은 반드시 문제를 일으키게 되어 있다. 그래서 '외로움'은 인간의 존재론적 조건 중 하나이며, '무소의 뿔처럼 혼자서 가는 것'일지도 모른다.

그러나 이러한 길을 가겠다고 마음먹는다고 그 과정이 쉽지는 않다. 이때 누군가와 함께한다면, 종교를 받아들여 영적인 힘을 키운다면 그 길이 그렇게 어렵고 멀게 느껴지지 않을 수 있다. 앞서도 언급했지만 인간이 '노동하는 존재' 임을 인정할 때, 노동은 누군가와 함께하는 것이지 나 혼자 이루어지는 작업이 아니다. 상대가 사람이 아니더라도 사물과 같은 재료라도 있어야 한다. 그래서 우리의 노동은 '관계적 노동' 이고 '공동작업' 이다.

내가 누구와 관계를 맺고서 어떤 삶을 살아갈 것인지는 매우 중요하다. 상급학교에 진학하거나 연애와 결혼을 하는 것, 취직을 하고 창업을 하는 것, 어떤 사람과 친구가 되고 우정을 쌓아가고 삶을 함께 살아가는 것들은 행복과 불행을 결정하는 중요한 요소이다. 여기에서 가장 중요한 것은 '나 자신' 이다. 누구를 만나든, 누구와 관계를 맺든 그 모든 관계의 공통분모에는 '나 자신' 이 포함되어 있기 때문이다. 하나의 관계에서 취하는 나의 태도는 다른 관계들에서도 똑같이 드러난다(엘리자베스 퀴블러 로스 외, 2008:64). 모든 관계는 상호 작용이며, 거울을 보듯 상대를 통해서 나를 보게 된다. 그러므로 갈등이 일어나거나 문제가 생기는 근본 이유는 자기 안에 있다. 이것을 해결하기 위해서는 변화에 따른 고통을 달갑게 받아들이려는 용기가 필요하다. 관계를 통해 자신의 영혼을 들여다보고, 그 과정에서 상처를 치유하고 앞으로 나아가야 한다(엘리자베스 퀴블러 로스 외, 2008:80). '사람에게 치이는 수고로움' 을 받아들이겠다는 마음이 있어야만 변화에 대한 용기가 생기고, 내 존재의 성장에 행복을 느낄 수 있다. 그리고 그러한 과정을 잘 겪어내는 자신을 점점 더 믿게 되고, 더 많은 것들을 이루어내는 나를 발견하게 될 것이다.

2. 성공과 실패

1) 성공한다는 것은 무엇인가?

오늘날 '성공'은 외부적으로 보여지는 것에 의해 평가되는 경우가 대부분이다. 돈을 많이 벌었다거나 사회적인 명예를 얻어 라이프 스타일이 달라지면 성공했다고 평가받는다. 이와 같이 평가의 대부분이 일이나 직업과 관련되어 이루어진다. 앞서 살펴보았듯이 자신의 일에 성공하기 위해서는 여러 가지 측면에서 만족도가 달성되어야 가능하다. 단순히 그 사람이 승진을 잘하거나, 사업에 성공하여 큰돈을 벌거나, 어려운 시험에 통과하여 모두가 선망하는 특정 직업군에 속한다 해서 성공했다고 단정 짓기는 힘들다.

성공이라는 평가에 있어서 가장 중요한 요소는 외부적 기준이 아닌 내적 기준이다. 자신이 그 일에 만족하고 계속해서 몸담고 있는 것이 행복하며, 주변 사람들의 평가가 좋고 인정과 존경을 받는다면 그 일에서 성공한 것이다. 그러므로 겉으로 드러나는 결과도 무시할 수 없겠지만, 그보다는 일에 대한, 나아가서는 삶에 대한 자신의 태도와 자세가 더 중요하다.

일반적으로 성공에 대한 자본주의적 문화는 미국에서 시작된 후기산업사회의 트렌드와 관련이 깊다. 그러다보니 성공학 이론이나 자기계발이론의 발달은 미국을 중심으로 진행되어왔다. 다양한 형태의 이론이 있으나 교육철학에서 보여지는 성공을 위해 필요한 윤리적·철학적 가치는 크게 네 가지로 구성되는데 인격윤리, 신념윤리, 개성윤리, 봉사윤리가 그것이다(조셉 드비티스 외, 1998).

'인격윤리'는 자본주의가 성장하는 시기에 필요했던 내재적 인성에 초점을 맞춘 가치로, 근면함, 신뢰성, 건전한 노동의식, 성실성 등의 산업 사회적 덕목을 인격을 갖추는 요소로 강조한다. 공교육의 영향이 확대되지 않은 상황이므로 부모로부터 시작된 가정교육을 기초로 산업현장의 경험을 통해 부단히 노력하여 좋은 인격특성을 갖추는 것이 성공의 필수요건으로 제시되고 있다.

'신념윤리'는 실용주의적 문화가 확산되고 기독교와 연결된 교육환경이 조성되면서 사고력과 개인의 의지에 따라 자신의 삶을 변화시킬 수 있음을 강조한다. 단순히 행동적인 노력에 국한하기보다는 학습과 종교 활동을 통해 자신의 가치관을 정립하고 신념을 지켜나간다면 성공적인 삶을 성취하게 될 것이라고 주장한다.

'개성윤리'는 1920년대에 대두되었는데 미디어의 발달로 대중사회가 형성되어가고 미국 특유의 세일즈 문화와 맞물리면서 밖으로 보여지는 이미지의 영향력과 결과에 대해 강조하는 측면이다. 성공에 있어서 시각적인 효과를 무시할 수 없으며, 누군가에게 즉각적인 영향력을 발휘하는 것의 중요성을 강조하고 있다.

'봉사윤리'는 성공에 있어서 가장 중요한 대미를 장식하는 요소이다. 성공이 결과로 나오기 전까지는 이차적인 측면이지만, 자신의 결과물을 누구와 어떻게 나눌 것인지가 제대로 해결되지 않고서는 모래성을 쌓은 것과 마찬가지임을 강조하는 윤리이다. 봉사의 정신이 물질적인 결과에 가치를 더하는 필수적인 요소임을 그 내용으로 하고 있다.

2) 좌절하지 않고 나를 일으키는 힘, 자존감

삶의 과정에서 일어나는 크고 작은 실패와 좌절에 오뚝이처럼 제자리로 돌아오는 '회복 탄력성'이 좋은 사람이 있는 반면 끝없이 절망하면서 헤어나지 못하는 사람도 있다. 이 둘의 차이는 무엇일까? 바로 '자존감(自尊感, self-esteem)'이 높으냐, 낮으냐의 차이이다. '자존감'은 마음속 깊은 곳에서 남들과 다르지만 내가 좋은 사람이라고 느끼는 힘이다(모건 스콧펙, 2007:200). 때와 장소를 분간하지 못하고 자신을 내세우는 '자존심'과는 달리 어릴 때부터 형성된 내면의 자신감이 물러설 때와 나설 때를 분별하며 많은 힘든 상황들을 지혜롭게 헤쳐 나가게 만드는 통찰력이다. 자존감은 유년기에 부모를 통해 수없이 들어왔던 '사랑'의 언어를 통해 형성되며, 내 부모가 어떤 경우라도 나를 사랑함을 믿어 의심치 않는 마음에서부터 시작된다.

> "너는 아름답고 사랑스런 아이이다. 네가 하고 싶은 대로 해라. 네가 무엇을 하든지 너 자신인 한 우리는 너를 사랑할 것이다."
>
> (모건 스콧 펙(2007). 《아직도 가야 할 길》. p.200)

여기서 '하고 싶은 대로 한다'는 의미는 내키는 대로, 상황과 상관없이 마음대로 한다는 의미가 아니다. 아이의 개성과 독립성을 인정하고서 통제하지 않는 듯 통제하면서 아이의 '자율성'을 키워준다는 의미이다. 부모가 원하는 아이, 사회적 기대치에 맞춤형으로 길러지는 아이가 아니라 타고난 자신의 본성이 인정되면서 규범의 틀에 적합한 형태로 양육되어진 아이를 의미한다. 성장 과정 동안 실패의 경험이 반복되거나 자신에 대한 부정적인 시선들에 끊임없이 노출된 아이에게서는 결코 찾을 수 없는 능력이다. 그러므로 자존감 형성의 출발점은 '조건 없이, 나를 있는 그대로 인정하고 받아주는 경험'이다(이무석, 2009:220).

아이를 이러한 능력을 갖춘 아이로 양육하기 위해서는 먼저 부모가 '분별력 있는 사랑'으로 충만한 사람이어야 한다. '사랑'은 자신이나 타인의 정신적 성장을 북돋아 줄 목적으로 자기 자신을 확대시켜 나가려는 의도이다(모건 스콧 펙, 2007:391). 이 말의 의미는 부모 스스로도 자기 자신이 한 인격체를 양육하는 성숙한 인간으로 성장하도록 노력해야 하며, 아이와 함께 유대감과 심리적 독립의 균형을 조절해가는 능력을 키워나가야 한다는 것이다. 이것은 남편과 아내들에게도 마찬가지로 요구되는 능력이다. 각자의 개별성을 존중하고 상대의 성장을 위해 서로 노력해야 한다.

하지만 모든 아이들이 이런 가정환경에서 자라는 것은 아니다. 부모와 관계가 좋지 못한 아이들, 부모의 기대를 충족시켜주지 못한 아이들, 우울한 부모의 아이들이나 부모가 너무 바빠 방치된 아이들은 '무조건적인 자기수용의 경험'을 하지 못한다. 그 결과 '미운 오리새끼 자존감'이 자리 잡기 시작하고, 잘난 아이, 자랑스러운 아이, 착한 아이가 되지 못하면 부모에게 외면당하고 버림받을 것이라 믿게 된다(이무석, 2009:224). 그 결과 자신감이 없고, 피해의식을 갖기 쉬우며, 부정적이고 냉소적인 가치관을 가진다. 이러한 성장기를 보낸 사람이 결혼을 하고 또 아이를 낳게 되면 낮은 자존감이 대물림된다. 본인이 불안하고 자신감이 없기 때문에 아이의 자율성도 키워줄 수 없는 것이다. 즉 학습되거나 경험되지 못한 것은 알 수 없는 것이므로 가르칠 수도 없다.

그렇다면 이런 상처는 어떻게 극복되고, 대물림되지 않을 수 있는가? 먼저 '자기를 사랑해야' 한다. 부모의 잘못은 나의 탓이 아니며 내가 어떻게 할 수 없었던 요소이므로, 나는 그것과 상관없이 내 존재 자체만으로 가치 있다고 여겨야 한다. 그리고 쉽지는 않겠지만 자기를 위해서라도 부모를 용서하도록 노력해야 한다.

그리고 자신의 성취기준을 조금 낮춰서 이상자아를 줄이는 노력을 하고, 성취습관을 쌓으면서 현실자아를 키우는 노력을 한다. 작은 것부터 이루어내는 '성취습관'을 들여 점점 더 축적해나가다 보면 자아가 성숙해지고 긍정적으로 변한다.

가장 좋은 치유방법은 조건에 상관없이 자신을 좋아해주고 인정해주는 경험을 반복하는 것이다. 부모로부터 경험하지 못했던 것들을 선생님이나 친구, 연인, 배우자를 통해 얻는 방법이다. 그러나 현실적으로 완벽하게 이루어질 확률이 낮기 때문에 종교를 통해 신(神)의 사랑을 구해보는 것이 마땅하지 않을까 생각한다.

지금까지 살펴본 것처럼 자존감의 회복은 개인의 행복에 있어서 매우 결정적인 요소 중 하나이다. 이와 함께 오늘날 그 필요성이 더욱 커지는 이유는 너무나 빠른 속도로 변화하는 사회에 대처하기 위함이다. '변화'는 이제 '우리 시대의 화두'가 되어버렸다. 반면에 인간은 삶 전반의 자유와 안정이 조화를 이룰 때 인성적인 측면에서도 안정을 가질 수 있다. 그러나 "안정을 믿는 것은 미신을 믿는 것과 같다"는 헬렌 켈러의 말처럼 그것은 오늘날 바랄 수 없는 조건이 되어버렸다.

미국의 경우에는 한 사람이 노동시장에 노출되는 기간 동안 평균 6회 이상의 직종 전환이 발생한다고 한다. 그러므로 직업을 바꾸는 것을 힘들어 할 것이 아니라, 변화하고 진화하는 자본주의 구조에서 당연한 것으로 여기는 태도가 필요하다. 이런 상황에 대처하지 못해 우울해 하고 좌절하기보다는 자존감을 높여 잘 대응하는 것이 적절할 것이다.

3) 갈등해결능력 – 평화와 친환경적인 삶

한 사람이 태어나 생을 마감할 때까지 많은 사건과 과정을 잘 겪어서 행복한 삶을 살아내는 것은 쉬운 일이 아니다. 어쩌면 의외의 일들과 거듭되는 반전이 우리들의 삶인지도 모른다. 어느 누구도 자신의 인생을 돌아보면 계획대로, 예정대로 진행되었다고 생각되는 경우는 드물 것이다. 그래서 인생은 흥미진진하지만 지겹기도 하고, 대단한 것 같지만 소박하며, 긴 것 같지만 눈 깜빡할 사이 지나버리기도 한다.

인생에 어떤 일이 벌어지든 그것은 크고 작은 전쟁의 연속이다. 너무나 아름다울 것 같고 편안할 것 같지만 그 진행과정은 힘든 갈등의 과정이다. 어떻게 해야 할지 확실하지 않아 전전긍긍하면서 살아가는 것이 삶의 본질이라면 우리에게 필요한 것은 나 자신과 혹은 타인과의 갈등을 잘 해결하는 능력을 키우는 것이 아닐까? 처음부터 잘할 수는 없지만 피하지 않고 반복해서 겪어내다보면 어느 때부턴가 아무렇지도 않게 해낼 수 있는 경지 말이다. 이것이 성숙이고 자유이다. 어차피 인간은 유한한 존재이고 몸담고 있는 환경의 질곡에서 벗어날 수 없으므로, 자아와 영혼이 성숙해진다면 갈등이 갈등으로 여겨지지 않으리라. 그래서 이러한 능력을 갖추기 위해 해야 할 노력들을 몇 가지 제언해보고자 한다.

먼저 '교육'의 중요성이다. 무언가를 반복하고 훈련한다는 것은 교육과 같은 의미이다. 아이들이 일정 과정 동안 받는 공식 교육과정도 중요하고, 성인이 되어서도 받을 수 있는 교육 시스템이 각 단계별로 있어야 한다. 학교교육이 끝나더라도 우리는 사회생활과 결혼생활을 하면서 끊임없이 무지에 시달리고 어떻게 해야 할지 몰라 시행착오를 거듭한다. 어쩌면 직업을 가지거나 결혼이라는 제도에 들어가는 것에서부터 제대로 된 배움이 필요한지도 모른다. 이전의 학교공부와는 다른 차원의 평가가 시작되기 때문이다. 좋은 동료가 되고, 좋은 배우자가 되고, 좋은 부모가 되는 교육은 삶을 완성하는 데 꼭 필요한 교육이다. '평생학습사회'라 불리는 후기산업사회의 특징은 이것을 반증하는 것이다. 너무나 빠른 변화와 해야 할 많은 역할들이 자극제가 되기보다는 피하고 싶고 포기하고 싶게 만든다. 그러나 모든 것들은 배우고 차근차근 해나가다 보면 언젠가 쉽게 여겨진다. 그러므로 성찰의 계기와 다른 관점으로 보게 될 기회를 주는 교육 시스템에 자신을 꼭 접속시켜야 한다.

다음으로는 사회성을 키우도록 만남의 영역과 횟수를 넓혀야 한다. 교육 시스템에 접속하는 것도 그것의 한 계기가 될 수 있으며, 꼭 무언가를 배우지 않더라도 누군가와 관계를 맺는 것만으로도 배우는 것이 있다. 공자는 "세 사람이 길을 가면 반드시 나의 스승이 있으니, 그중에 선한 자를 가려서 따르고, 그 선하지 못한 자를 가려서 자신의 잘못을 고쳐야 한다."[2]라고 했다. 현대인들은 대부분 여러 가지 일을 하고 일상에 매여 시간적 여유가 없다. 그러다보니 사람들에게 치이는 스트레스를 감당하기 싫어하고, 혼자 시간을 보낼 수 있는 여러 가지 컨텐츠들을 즐기기에도 시간이

---

2) 《論語》〈述而篇〉 子曰, 三人行必有我師焉 擇其善者而從之 其不善者而改之.

부족하다고 여긴다. 하지만 삶의 큰 틀에서 볼 때 나를 진정으로 성장시키는 것이 무엇인지 반드시 성찰해보아야 한다. 그런 '수고로움'을 겪어냈을 때 나와 내 소중한 주변 사람들도 함께 성장시키는 지혜의 보상이 따르는 법이다.

글을 깨우치고 나서 죽을 때까지 손에서 놓지 말아야 할 것이 책이다. '독서'의 중요성은 아무리 강조해도 지나치지 않는다. 우리가 원하는 모든 지식과 지혜는 모두 책 속에 있다. 이 지식과 지혜가 내 마음에 들어와 내 정신이 바뀌고 나아가 내 영혼이 성장한다면 완성된 삶에 더욱 가까워지리라. 물론 지식이 많다고 해서 그 사람이 더 나은 사람이라고 말할 수는 없다. 아는 것에 비해 실천이 턱없이 모자라거나 현학적 허세에 빠진 경우도 있으며, 현실적인 적용 가능성이 떨어져 추상적인 경우도 많기 때문이다. 하지만 수많은 경험이 축적되어 어떤 이론가보다 지혜로운 사람도 분명히 있다. 그러므로 책을 가까이 하는 사람이 책을 읽지 않은 사람보다는 더 성장하고 발전할 준비가 되어 있음은 인정해야 할 것이다.

이러한 노력들이 어느 정도 지속되어 양적으로, 질적으로 채워진다면 성숙과 자유는 반드시 나의 것이 되며, 창조원리에 대한 깨달음이 우리의 내부에 채워질 것이라고 생각한다. 그 경지에 이르면 자연과 세상과 하나되는 일치의 삶이 우리를 기다리고 있으리라. 크고 작은 갈등에 요동치지 않고, 죽음에 대해서도 초연한 삶, 내세에 대해서도 두렵지 않은 평화로움이 우리 안에 가득할 것이다.

생각해봅시다.

1. '자기 정체성'에 대해 고민해본 경험이 있나요?
2. '나의 꿈'에 대해 얼마나 구체적이고 확신에 차 있나요?
3. '일'과 '노동'에 대한 자신의 생각은 어떠한가요?
4. 인간의 본질에는 어떤 것들이 있을까요?
5. 나는 '수고로움'을 어디까지 받아들일 수 있을까요?
6. 내 부모님은 자존감 측면에서 어떤 평가를 할 수 있을까요?

〈토론해볼 문제〉

1. 나의 꿈이 구체화 된 시기는 언제이며, 어떻게 변화되어 왔나요?
2. '수고로움' 에 대해 어떻게 이해하였는지 이야기해봅시다.
3. 자신이 생각하는 '성공' 이란 무엇인가요?
4. 꿈의 내용과 변화에 영향을 주는 요소는 무엇이 있을까요?
5. 나의 자존감 크기는 얼마나 될까요?
6. 개인적 성향이 강한지, 관계적 성향이 강한지 구체적으로 이야기해봅시다.

[도움 줄 책]

- 박경철(2011). 《시골의사 박경철의 자기혁명》. 리더스북.
- 황상민(2014). 《나란 인간》. 푸른숲.
- 롤로 메이. 백상창 역(2010). 《자아를 잃어버린 현대인》. 문예출판사.
- 스튜어트 다이아몬드. 김태훈 역(2011). 《어떻게 원하는 것을 얻는가》. 8.0(에이트포인트).
- 정영진(2006). 《사람이 모이는 리더 사람이 떠나는 리더》. 리더북스.

제8장
일과 놀이는 함께 갈 수 있을까?

일과 놀이는 함께 갈 수 있을까?

누군가가 무엇인가를 하고 있을 때, 그 사람이 무엇을 하고 있는지 궁금해 하거나 질문을 통해 궁금증을 해결하기도 한다. 그가 하고 있는 무엇인가가 의미 있는 유목적적 행동일 수도 있고, 무의식적으로 행하는 단순한 움직임일 수도 있다. 전자일 경우 우리는 '무슨 일'을 하고 있는가를 궁금해 하는 것이고, 후자는 중요하지 않은 단순행동이라 생각하고 그냥 지나쳐버린다. 이와 같이 우리가 행하는 많은 행동이나 활동 중에서도 '일'은 살아가는 과정 중에서 의미 있고 중요한 것이거나 먹고사는 문제와 직접적으로 연결된 어떤 것이다. '일하지 않는 자는 먹지도 말라'거나 '아무리 돈이 많아도 일이 없으면 죽은 목숨이나 다름없다'와 같은 표현들은 의미 있는 유목적적 행동이 우리에게 매우 중요한 것임을 상징적으로 보여준다.

그러나 이렇게 중요한 '일'이 즐겁거나 행복한 것만은 아닌 경우가 많다. 먹고살기 위해 할 수 없이 해야 하는 일, 주변 사람들의 시선이나 평가 때문에 마지못해 하는 일 등이 대표적이다. 매일매일의 의식주를 해결하기 위해 내 기호나 적성과 상관없이 특정 직업에 종사하여 돈을 벌어야 하고, 생계를 유지하지 못할 정도의 벌이를 하며 소득이 아예 없는 경우 스스로 자괴감에 빠지거나 주변 사람들의 눈치에 고통을 받기도 한다. 운좋게도 집이 부유해서 먹고사는 문제가 해결되어 굳이 직업을 갖지 않는다고 하더라도 아무것도 하지 않고 무료하게 보내는 사람을 가족이나 주변 사람들이 좋게 봐줄 리 만무하다.

그렇다면 꼭 해야 할 이 '일'이 나의 적성에도 맞고 결과도 좋아서 생계도 해결하고, 인정에 따른 성취감과 보람도 느끼고, 덤으로 안정되고 유망하며, 남에게 굽실거리지 않게 해준다면 금상첨화일 것이다. 일을 하는 과정이 너무나 즐거워 신나게 노는 것 같이 시간이 지나가고, 그러한 과정과 결과가 정신적, 물질적으로 확대 재생산되어 나가는 것은 상상만으로도 즐겁다. 그러나 자본주의의 경쟁사회에 살고 있는 우리는 그런 호사를 누리지 못한다. 경쟁에 노출되는 나이는 점점 어려지고 있고, 평균수명의 연장으로 더 많은 나이까지 노동시장에 묶여 있어야 한다. 내가 하고 싶은 직업에 평생 종사하면서 돈도 벌고, 자아실현도 한다는 단순한 논리가 매우 어렵고 운 좋은 것으로 여겨진다.

행복의 필수 요건인 일(직업)이 제대로 진행되지 않으면 가족이나 친구관계, 돈, 건강 등이 모두 깨어져버린다. 한 사람의 평생을 좌우하는 '일'을 제대로 선택하는 것도 쉽지 않고, 무엇을 하고 싶은지도 정확하지 않은 경우가 많으며, 나의 의지와 상관없이 종사하는 분야가 시장에서 사라지기도 한다. 그렇다면 어떻게 해야 할 것인가?

지금부터 우리는 이러한 '일'이 의미하는 것이 무엇이며, 어떤 특징을 지니고 있는지, 왜 우리는 일을 해야 하며, 일을 대하는 우리의 마음가짐과 태도는 어떠해야 하는지를 알아보면서 '일'을 통해 행복해지고 의미 있는 삶을 살아갈 수 있는 길을 모색해보고자 한다.

1. 일의 양면성

1) 현상과 본질

어떤 일을 할 때 정신없이 몰입하는 경험을 하면 우리는 무언가 해소된 듯한 해방감을 경험한다. 내 안의 그 무엇들을 끄집어내어 마치 한판 즐겁게 논 것 같은 만족감이 드는 것이다. 그리고 이처럼 몰입한 일은 그 결과도 좋은 경우가 대부분이고 그에 따른 보상도 적절하게 주어진다. 우리가 직장이나 기타 여러 상황에서 행하는 모든 일들이 매일매일 이처럼 계속된다면 삶은 충만하고 즐거움이 넘칠 것이다.

그러나 이것은 사실상 불가능하다. 개인적인 한계도 있고, 주변의 여건도 모든 조건을 만족시켜주지 않는다. 개인적인 한계로 먼저 인간은 끊임없이 몰입할 만큼 에너지가 없다. 우리의 정신과 육체는 어느 정도 에너지를 소진시키면 그것을 다시 충전시키는 데 시간과 노력이 든다. 내가 일을 하기 위해서는 몸이 움직이도록 영양소를 섭취해야 하고 그것이 소화되고 순환되는 데 시간과 휴식을 주어야 한다. 정신도 너무 많은 에너지를 소모하면 육체까지 탈진할 정도로 피로가 몰려온다.

개인적인 성향이나 성격도 몰입을 방해하는 큰 요소이다. 부지런하거나 긍정적인 성향이 강하다면 끊임없이 무언가를 하려고 하고 작은 장애들은 별다른 문제로 여기지 않으며 끊임없이 도전한다. 그리고 그러한 수많은 시도와 실패가 누적되어 엄청난 기회와 결과로 이어진다. 이와 반대로 게으르고 부정적이며 냉소적인 성향이 강하다면 작은 장애물에도 금방 한계를 느끼고 '여우와 포도' 처럼 '저건 내 것이 아니고, 나에겐 맞지 않는 것이야, 좀 더 기다려보면 나에게 맞는 일이 나타날 거야' 와 같은 핑계를 둘러댄다. 그러나 자신에게 맞는 무언가는 결코 나타나지 않는다. 왜냐하면 그것을 찾는 노력을 할 만큼 부지런하지 않기 때문이다. 그냥 익숙해진 일상의 방식도 그런대로 지낼 만하며, 약간의 욕심만 접는다면 불편하지 않다고 스스로를 위로한다. 과도한 욕심이 고통과 화를 부른다고 고집하는 것이다.

육체적, 정신적인 건강도 매우 중요한 요소다. 건강을 잃으면 모든 것을 잃는다는 것은 불변의 진리다. 돈은 벌 때도 있고 못 벌 때도 있으며, 갑자기 불어날 때도 있고, 빠져나갈 때도 있다. 그리고 노력하면 만족스럽지 못하더라도 그야말로 입에 풀칠은 한다. 그러나 건강에 심각한 문제가 생기면 되돌릴 수 없는 상황이 초래된다. 자기 자신뿐만 아니라 가족과 같은 주변 사람들의 삶에도 심각한 영향을 끼치게 된다.

주변 여건이 주는 한계도 만만하지 않다. 어떤 일을 제대로 하고 결과를 내기 위해서는 돈, 시간, 함께 일할 사람들과 조직력, 시대적 트렌드, 가족들의 협조, 운 또는 시기 적절성 등 많은 요소들이 영향을 미친다. 나열할 요소가 많다는 것은 그만큼 장애물이 많다는 것이다. 그러면 모든 장애물들을 없애기 위해, 즉 일을 하기에 딱 맞는 상황을 만들기 위해 노력하고 그것들이 갖춰지면 그때부터 일을 시작해야 하는 것인가? 그런 일은 절대 일어나지 않는다. 충족된 요소보다 부족한 요소들, 없는 것들이 더 많은 경우가 대부분이다. 그렇다면 무엇이 일을 시작하게 만들고, 그 많은 장애들을 극복하고서 결과를 만들어내는 것일까? 그것은 '어떻게 해서든 이것을 해내어 보겠다' 는 내 '생각과 의지' 다. 마치 누군가가 나를 벼랑 끝으로 몰아가는 느낌이 들어도 '나는 이렇게 넘어질 수 없고 어떻게든 극복해내겠다' 는 노력과 태도가 상황을 바꾸어 좋은 결과로 급물살을 타게 만든다.

그러므로 일은 기대 반 두려움 반으로 시작해서 길고 지루한 과정을 묵묵히, 성실히 해나가는 것이며, 그 과정에서 겪는 즐거움과 고통을 자기 성장의 수많은 계기들로 삼고서 그것을 발판으로 삼아 더 큰 광야와 지평으로 나아가는 것이다.

일은 우리가 기대하는 것처럼 즐겁고 다이나믹한 과정만 있는 것은 아니지만, 어떻게 접근하고 풀어 나가느냐에 따라 의미가 달라지며 그 보상도 달라진다. 이러한 가치를 내 것으로 만들기 위해서 가장 중요한 것은 많이 해보는 것이다. 성취도, 실패도 많이 해보는 것. 많은 것들을 겪고 또 겪어서 문제가 문제로 여겨지지 않고, 작은 보상에 교만하지 않는 인격을 갖추어가는 것이 가장 큰 보상이며, 이것이 일의 본질이다.

2) 즐거움과 고통

노동이라는 단어 'labor'는 라틴어 '고통·노고·출산'이라는 의미에서 시작되었다. 언어의 원뜻만 보더라도 노동은 힘들고 고통스러움을 상징한다. 그 이유는 아마도 중세까지의 신분사회에서는 노동이 노예나 하층계급의 전담이었고, 귀족이나 성직자와 같은 상층계급은 지적인 즐거움을 추구하면서 유유자적한 관조적인 삶을 최고의 경지로 여겼던 문화에서 비롯되었을 것이다. 그러나 앞서도 언급한 것처럼 노동은 삶의 본질적 가치를 내포하는 다양한 측면이 있고, 오늘날 우리의 삶에서 필수불가결한 요소인 것은 분명하다. 그렇다면 노동의 역설적 양면성인 즐거움과 고통을 어떻게 받아들여야 하는지 나 자신의 창조적 성장과 행복한 삶의 핵심으로 이끌 수 있을 것인지 고민해봐야 한다.

일을 놀이처럼 즐겁게 한다는 것은 오락이나 기분전환과는 다른 문제다. '즐겁게'의 의미는 '편하게, 기분 좋게'와는 다른 의미, 새로운 틀로 바라보아야 가능해지는 '진정성'의 영역이다. 이것은 솔직해져야 하고, 영혼의 열정을 바칠 만한 욕망이나 이유와 만났을 때 전적으로 몰입하면서 입문해볼 수 있다. 이때 우리는 내가 가진 자원, 즉 지적·감정적·육체적·공상적 자원을 모두 쏟아 몰두하게 되고(스티븐 나흐마노비치, 2008:210), 내 존재가 놀이의 대상과 공명하면서 그 과정을 진행해 나간다. 누군가가 이런 과정을 경험하고, 또 그 과정을 지켜볼 때 '심금을 울린다'고 표현하는 이유는 행위자의 진정성이 강하지도 약하지도 않게 마음의 거문고 줄을 타면서 몰입하고 있기 때문이다. 그러므로 적당히 쏟아붓고 적당히 결과가 나올 것이라고 기대하는 것은 환상에 불과하다.

> "예술이나 아름다운 세상은 힘든 노력과 자유로운 놀이를 통해 만들어지는 결과물이다." (스티븐 나흐마노비치, 2008:237)

결국 고통을 동반한 노력, 즉 '수고로움'을 받아들이겠다는 도전에 담대해지고 묵묵히 해내는 과정을 겪어야 한다. 이것이 우리의 존재론적 조건이다. 나 자신이 몸으로 직접 경험하고 학습해야 하며, 반복적인 연습을 통해 자신의 방법을 발견하는 것, 즉 나를 발견하는 것이 유일한 방법이다. 그러므로 모든 창조는 양적 채움의 시간을 바탕으로 나온다. 끊임없는 연습의 과정 속에 나를 제대로 바라보는 솔직함이 전제되어야 하고, 한계에 부딪히면서 새로운 틀로 나 자신과 상황을 바라보는 눈을 키워야 한다. 여건이 나쁠 때, 한계에 부딪힐 때 더 좋은 결과가 나오는 것은 창조성이 가진 '역설'이라는 특징이다.

> "혼란에서 벗어나는 유일한 방법은 혼란을 꿰뚫고 지나가는 것이다. 자신에게 유효한 방법은 스스로 만들 수밖에 없다."
> (스티븐 나흐마노비치. 2008:15)

지식을 익혀 기술을 연마하고 나면, 즉 세상과의 교류를 통해 자아를 구축하고 나면 이제는 그것을 넘어서야 창조할 수 있다. 이렇게 하기 위해서는 기존의 것을 포기하고 나아가는 두려움을 극복해야 하며, 나를 가로막는 장애물이 무엇인지 알고서 치워야 하는 부담과 헌신의 시간을 보내야 하는 것이 창조의 공식이다. 즉 누리는 것이 아니라 가다듬는 선택과 집중의 시간을 잘 견뎌내야 하는 것으로, 제대로 해내지 못할 경우 내적분열이나 고독, 소외감 등을 경험하게 될 수도 있다.

> "위대한 예술적 창조는 잘 훈련받은 성인 예술가가 어린아이의 순수한 놀이의식으로 돌아갈 때 얻어진다." (스티븐 나흐마노비치. 2008:70)

이것은 꾸미지 않고 단순하게 말하고 행동하는 균형상태에 도달했다는 의미로, 더 적은 노력으로 더 큰 힘을 통제할 수 있는 상태가 되었다는 의미이다. 더 이상 두렵지 않은 경지, 완전히 마음을 빼앗긴 삼매경에 이르기 위해서는 두려움 · 기쁨 · 자랑스러움 · 불신 · 자신감 · 반복하려는 욕구 등 다양한 감정을 겪어야 가능하며, 이 과정을 겪어내기 위해서는 많은 훈련과 연습이 필요하고 나를 통제하고 내려놓는 줄다리기의 과정이 늘 필요하다(스티븐 나흐마노비치. 2008:71). 즐거움과 사랑이 핵심인 창조성의 뒷면에 놓여진 양면적이고 역설적인 특징이다. 결국 천재성이란 오랫동안 끈질기게 포기하지 않고서 겪어내는 고통을 무한히 받아들이냐 아니냐의 문제이며, 그러한 행동의 동기는 '더 큰 자아'의 등장과 자신을 포함한 '더 큰 존재의 만족'이다(황농문, 2013:242).

이렇게 드러난 '더 큰 자아'가 성장하고 확대되는 방법은 누군가와 함께하는 것이다[1]. 공동작업을 통해 더 융통성 있고 다차원적인 창조성을 만들어내는 '풍요로운 진화'가 일어난다. 단독작업의 대표적 장애물인 '타성'이 공동작업에는 거의 없는데, 대화 · 지원 · 위로 · 유머 · 공감 · 도전과 비평 및 반론을 통해 장벽이 깨어지기 때문이다. 타인과의 작업을 통해 배우는 '학습'은 활력을 불어넣는 힘이 되고 다차원적으로 변화할 수 있는 자극제의 역할을 한다. 서로 인식하고, 인정하고, 듣고, 자신의 주장을 살짝 굽히는 '연습'의 과정은 또 다른 '학습'의 과정이다. 다른 사람을 신뢰하는 도전은 자신을 신뢰하는 더 큰 도전을 통해 가능하고, 다른 사람에 대한 통제를 포기함으로써 자신의 무의식에 대한 통제를 포기하는 법도 배우는 것이다. 이러한 과정에서 스승이라 불릴 만한 특별한 영혼의 친구를 만나는 '만남의 은총'이 일어나기도 하는데, 이 모든 것들은 '솔직함'과 '겸손'이 전제되어야만 긍정적인 피드백 효과를 볼 수 있다.

다른 어떤 장애보다 강력하게 일을 지체시키는 것은 완벽주의다(스티븐

---

1) '공농작업'에 대해서는 스티븐 나흐마노비치의 책, 《놀이, 마르지 않는 창조의 샘》의 pp. 126~132에 자세히 다루어져 있다.

나흐마노비치. 2008:174). 이것도 전능함에 대한 환상이나 화려한 성공 등 비생산적인 공상에 빠져 있다는 반증이다. 모든 것은 변화와 재편집의 과정이다. 균형을 맞추는 완벽한 일치란 궁극의 경지이거나 지독한 단조로움이거나 둘 중 하나로, 진정한 재미는 밀고 당기는 과정에 있다. 이 과정을 통해 하나의 유기체로 엮이며, 진화하는 유기체는 변화의 계기를 받아들여 자신의 '정체성'을 변화시키고 성장시켜 나간다.

> "예술적 편집에는 …… 표면 아래 깔린 의도에 대한 깊은 공감, 언어에 대한 애정과 민감성, 우아한 감각, 과감함이 있어야 한다."
>
> (스티븐 나흐마노비치. 2008:142)

2. 나는 어떤 직업인이 될 것인가?

1) 직업의 의미

'직장의 시대는 가고 직업의 시대가 왔다'는 말이 있다. 더 나은 근무조건, 더 나은 보수를 쫓아 직장을 옮겨다니던 산업화 시대의 마인드로는 더 이상 빠른 변화의 후기산업사회에서는 살아남을 수 없다는 이야기이다. 특정한 직업인으로서 정신과 태도를 가지고 끊임없이 학습하고 변화해야 취직하기 어렵고, 대부분 비정규직이며 평생직장이 사라진 이 시대에 자기만의 노하우와 브랜드로 변화하는 시장에 적응해갈 수 있다. 이런 측면에서 보더라도 일에 있어서 먼저 정립되어야 할 것은 자신의 꿈과 직업에 대한 '자기철학'이다.

그러나 이러한 자기철학을 정립하거나 그에 기초하여 직업을 결정하는데 있어서 현실이 그렇게 녹녹하지만은 않다. 정보도 부족하고 방법도 쉽게 터득하기 힘들다. 주변의 조언자라고 해봤자 부모님이나 교사, 선배나 친구들 정도인데 그들도 크게 다르지 않은 현실에 놓여 있다. 부모님, 교사, 선배들도 제대로 된 이해를 기초로 직업을 선택한 경우는 거의 드물다. 운 좋게 자신의 적성에 맞고 결과도 좋아 직업에 만족하고 있는 경우에는 좋은 정보를 제공하겠지만, 그것이 나에게 맞다는 보장은 없다. 그러다보니 대부분 대중매체에서 보여지는 이미지에 많이 의존한다. 멋져 보이고, 수입도 많을 것 같고, 재미도 있을 것 같다는 느낌이 드는 것이다. 인생의 다른 많은 것들도 마찬가지이지만, 직업에 있어서도 실제 그 일을 해보면 생각과는 다르다. 어떤 직업이든 그 이면을 들춰보면 생각했던 것과는 다른 면이 존재하기 마련이다. 그래서 그 일의 본질은 거기에 몸담고 있는 사람, 발로 뛰어 본 사람만이 알 수 있는 것이다. 그러므로 어떤 경로든 본인이 선택해서 특정한 일을 하고 있다면 속았다고 생각할 것이 아니라 먹고사는 일이 원래 그런 것이라고 여기고, 선택은 내가 했으므로 선택에 대한 책임을 지겠다는 자세가 필요하다.

직업이 가지는 의미는 크게 세 가지로 볼 수 있다. 첫째는 '생계수단' 으로서의 의미이다. 생명이 붙어 있는 한 우리는 일을 통해 먹고사는 것을 해결해야 한다. 생존을 해결하고 나서 자아실현도 있고 보람도 있는 것이지, 기본을 해결하지 않은 채 가치를 운운하는 것은 자기기만이다. 일단 우리가 동물적 본능의 측면이 있음을 인정하고 생명유지의 욕구부터 해결해야 한다. 그러나 이 기본과정조차도 참으로 고단하다. 먹고사는 일이 참으로 구질구질한 면이 있다는 것을 어느 시기에는 인정하지 않을 수 없을 것이다. 어쩌면 그것이 '신성한 것' 이리라! 일용할 양식을 구하기 위해 정직하게 땀을 흘리고 수고로운 것, 이 자체가 가치 있는 것이다.

현대사회는 너무나 빠르게 변화해서 장기적으로 보장되는 것이 없으며, 직업을 준비한 기간에 비해 유지할 수 있는 기간은 턱없이 짧다. 유망직업은 찾기 힘들고, 직업에 종사할 수 있는 기간에 비해 평균수명은 길어지고 있다. 끊임없이 직업을 찾고 변화하기에는 나의 에너지가 부족하다고 느껴질 것이다. 하지만 용기를 내야 한다. 용(勇)자를 풀어 보면 곡괭이를 머리에 인 남자의 의미이다. 즉 남자라면 매일매일 곡괭이를 지고 밭에

나가 힘을 쓰는 용기를 내야 한다는 뜻이다. 남자만 그럴까? 현대사회에는 생계유지에 있어서 성(性)의 구분은 아무 의미가 없다. 자신이 힘든 상황만 나타나면 여성임을 내세우는 것은 위선이다. 그러므로 먹고사는 일을 스스로 해결하겠다는 결정부터 하자.

둘째는 인생을 사는 의미인 '자아실현' 이다. 인간은 동물과 달리 사고하고 의미를 깨달으려 하는 존재이기 때문에 생계가 어느 정도 해결되면 누구나 가치를 추구하기 마련이다. 더 나아지고, 성취하고, 인정받고자 하는 욕구가 내재되어 있기 때문에 힘들지만 공부하고 노력하는 것이다.

자아실현을 위해 가장 중요한 것은 자기 자신을 제대로 파악하는 것이다. 내가 무엇을 좋아하고 잘하는지, 무엇을 하고 싶은지, 어떤 것에 열정적으로 빠져들고 즐기는지, 어떤 보상과 보수를 원하는지 등을 어느 정도 알아야 한다. 이를 위해서는 먼저 '솔직해야' 한다. 일을 하는 과정의 수고로움은 피하고 싶고 그 결과물은 탐이 난다면, 자신의 게으름을 인정하고 이것부터 '치료' 해야 만족스럽고 성공적인 삶이 자신의 것이 될 것이다.

원하는 일과 자신의 적성, 그리고 실제 직업이 일치할 때 적절한 보상이 주어지고 그것이 다시 피드백되는 최상의 결과를 얻을 수 있지만, 현실적으로 그러한 경험의 기회가 부족하다. 그럼에도 불구하고 전공을 선택할 때, 진로를 찾고 직업을 구할 때 더 나은 선택을 하도록 부지런히 알아보고 노력한다면 성취감을 얻고 자아실현을 할 수 있는 기회가 더 많을 것이다. 인생은 대단하고 멋진 일들만 일어나는 것이 아니라 일상의 하찮아 보이는 작은 일들에서 행복과 성취감을 맛보며 살아가는 것이며 열심히 성실하게 살아가다보면 꿈꾸고 기대했던 일들이 일어난다.

세 번째는 일의 보람을 느끼는 '사회적 기여도' 이다. '보람' 은 일차적으로는 성취에 따른 자기 만족감에서 출발하지만, 타인을 유익하게 하는 것까지 포함될 때 제대로 된 의미를 획득한다. 인간은 자신의 생존과 자아실현을 해결해야 하는 '개인적이고 독립적인 존재' 이지만, 혼자서는 살아갈 수 없는 '공동체적 존재'이기 때문에 타인을 필요로 한다. 나를 제대로 이해하고 파악하는 구체적인 방법은 다른 사람과의 관계를 통해서 가능하며, 그런 측면에서 인간은 아리스토텔레스가 이미 정의한 바대로 '사회적 존재'이다.

개인주의적이거나 이기적인 문화에 길들여진 상태에서는 타인을 기쁘게 하고 유익하게 하는 것에서 처음부터 보람을 느끼기란 쉽지 않다. 왜냐하면 그것이 어떤 가치인지 학습해본 적이 없기 때문이다. 그러나 나를 희생하는 것, 나를 나누는 경험이 반복되다보면 내 안에서 무언가 깨달아가는 변화를 느끼고, 그것이 점점 주변을 변화시킴을 깨닫게 된다. 그러므로 보람은 목표의 문제가 아니라 올바른 삶의 태도와 관련된 문제이며, 무슨 일을 하든 마음을 담아 진정성 있게 하다보면 느낄 수 있는 것이다.

처음부터 쉽지는 않지만 내 삶에서 무엇을 성취하고, 누구와 나눌 것인지를 고민하고 노력하다보면 기회가 생기고 성공이 이루어지는 것이다. 결과가 나올 수 있는 일을 제대로 선택하는 것도 중요하고, 선택한 일을 적어도 10여 년은 노력하여 평가와 결과가 쌓이면서 성공의 기회가 만들어진다. 그러므로 계속해서 크고 작은 성취(Achieving)와 나눔(Sharing)의 자세를 잃지 않는 것이 근본적인 지혜이다.

2) 나에게 맞는 직업

꿈을 이루기 위한 수단이 되었든 그 직업 자체가 삶의 목적이 되었든 직업선택에 있어서 가장 중요한 요소는 '적성'이다. 먼저 나에게 맞고 일을 하면서 내면의 자아와 부딪히지 않아야 매일매일의 일상이 즐겁고 보람 있다고 느껴진다.[2)]

'나에게 맞는다'는 말의 구체적 의미는 내 희망에 맞고, 내 능력에 적합하며, 운이 따라주는 것이다. 희망에 맞는다는 것은 내가 살고 싶은 미래

---

2) 여기에 대해서는 탁석산의 책, 《성적은 짧고 직업은 길다》에 잘 다루어져 있다.

의 삶에 들어맞는다는 의미이며, 내 능력에 적합하다는 것은 너무 힘들게 일하지 않더라도 어느 정도 만족스러운 결과가 예상된다는 의미이고, 여기에 덧붙여 좋은 운이 어느 정도 따라주어 큰 파란곡절 없이 일이 진행되었으면 하는 기대가 깔린 의미이다.

그러나 대부분의 사람들이 자신이 진짜 원하는 것과 되고 싶은 것을 잘 모르고, 알기 어렵다는 것이 문제이다. '견물생심(見物生心)'이라는 말처럼 누군가가 하는 것을 보고 막연하게 따라 하고 싶고, 해야 할 것 같은 생각이 드는 것이다. 특히 입시 위주의 한국 교육문화의 특성상 인생관이 정립되어야 할 청소년기의 대부분을 획일화된 목표에 따라 움직인다. 마치 '레밍 딜레마'처럼 그 끝을 모른 채 정신없이 전체가 달리다 각자가 자신의 철학대로 삶을 구성해야 할 성년기에 방황을 시작하는 것이다. 그러므로 청소년기부터 자신의 꿈과 희망, 원하는 삶의 방향과 모습에 대해 정립할 수 있는 교육이 가정과 학교로부터 이루어지는 것이 우선이다.

다음으로 '능력'의 문제를 살펴보자. 우리 주변에 공부를 잘하고 능력이 좋아서 남들이 선망하는 직업군에서 활동하면 부러움의 대상이 되지만, 그 사람의 인성이 바람직하지 못해 완벽한 성공자로 인정하기 힘든 경우들이 있다. 또 사람이 매우 괜찮아서 잘 풀리면 주변에 도움을 많이 줄 수 있는 인성임에도 불구하고 능력이 부족해서 안타까움을 느끼게 하는 경우들도 있다. 그렇다면 이 양자 중 직업의 세계에서는 누구를 더 선호할까? 당연히 전자다. 자본주의 구조에서 합당한 보수를 받는 기본전제는 능력과 그 결과물이다. 이것을 인정하고서 시작해야 더 열심히 노력할 수 있고, 힘들거나 좌절감이 들 때 덜 불행할 수 있다. 물론 전자의 경우 그의 인성 때문에 주변 사람들과 갈등이 심화되어 불행할 수도 있고 살아가는 과정 동안 어떤 일이 벌어질지 알 수 없으며 그 사람의 전체 인생을 봐야 할 일이지만 여하튼 능력은 매우 결정적인 요소이다.

그렇다면 능력이 없는 사람은 어떻게 해야 할까? 능력은 적성과 환경,

노력, 성격 등의 요소로 구성된다. 앞서 다루었던 '적성'에서 보았듯이 적성에 맞으면 꽤 괜찮은 능력이 발휘될 수밖에 없다. 여기에 주변의 환경까지 받쳐준다면 더 좋은 결과가 나올 것이다. 힘든 시기에 부모나 주변 사람들의 도움을 받을 수 있는 여건이라면 더 많은 기회들을 자기 것으로 활용할 수 있을 것이다. 그러나 이것은 내가 결정할 수 있는 요소가 아니다. 그러므로 다음에 살펴볼 '운' 하고도 맞닿아 있는 부분이다. 그렇지만 '노력'과 '성격'은 내가 얼마든지 컨트롤할 수 있는 부분이다. 능력이 부족하다고 생각되면 이 부분을 통해 극복해보겠다는 마음을 가져야 한다. 남보다 더 노력하고 좋은 성격으로 개선시키다보면, 능력이 조금씩 커져가고 결과물이 나아지는 경험을 하게 될 것이다.

그렇지만 모든 사람이 능력을 무한하게 키울 수 있는 것은 아니다. 능력을 키우는 데도 한계가 있으므로, 특정 시기에는 에너지를 집중하여 한계를 넘어 보는 경험이 필요하지만 매 순간 끊임없이 죽을힘을 다하면서 살 수는 없는 노릇이다. 평소에는 70퍼센트 정도의 힘을 쏟고도 잘되는 일을 해야 계속해서 즐겁게 할 수 있다.

가장 통제 불가능한 요소가 '운'이다. 인생을 살아가는 데 '운'이라는 우연적 요소가 내 꿈과 희망이 노력을 통해 결과가 나와서 성취하는 그 과정에 분명히 있음을 받아들여야 한다. 내 경쟁자나 주변 사람은 운이 좋고, 나는 재수 없게 운 없는 사람이라고 자책해봐야 인생에 도움이 될 것은 아무것도 없다. '운(運)'은 말 그대로 움직이는 것이다. 좋은 운이 오기도 하고 나쁜 운이 오기도 한다. 옛말에 '부자 삼대(三代) 못 간다'라는 말이 있다. 이것은 좋은 기운도 누리기만 할 것이 아니라 계속해서 지속되도록 무언가 대가를 치러야 한다는 의미이다. 퍼내기만 한다면 곧 그 바닥이 드러난다. 그러므로 좋은 운이 오도록 준비하고 노력하면서 기다리는 세월이 필요하다. '준비한 자에게만 행운이 기회가 된다'라는 말이나 '준비되지 않은 자에게 오는 행운은 재앙이다'라는 말들을 염두에 두고서 항상 겸손한 자세로 노력하는 자세와 인내가 필요하다. 내 꿈과 희망 그리고 능력과 성취 사이의 여러 요소들을 잘 분석하고 조절하면서, '믿음'을 잃지 않고 나는 내 할 일을 다한다면 머지않아 멋진 인생이 펼쳐질 것이다.

이와 같이 직업의식과 관련된 문제는 겉으로 보기에는 '목표의 문제'로 보이지만 실제로는 '태도의 문제'라고 할 수 있다. 즉 마음가짐의 문제, 마음먹기의 문제이다. 그래서 무슨 직업에 종사하느냐 이상으로, 어떤 태도로 그 일을 하느냐가 중요하다. 대부분 의사, 교수, 변호사, 회사원, 교사, 연예인, 공무원 등 '~가 되고 싶다', '내 직업은 ~이다'에 매달리지만, 실제로는 '어떤 ~가 되고 싶다', '나는 ~한 선생님(의사, 교수, 변호사, 회사원, 연예인, 공무원 등)이다'가 정립되어야 한다.

예를 들어 교사라는 직업에 적용할 경우, 잘 가르치는 선생님, 학생들과 소통하는 선생님, 끊임없이 연구하는 선생님, 교육 시스템을 개선하기 위해 노력하는 선생님, 동료들과 소통하고 업무환경을 개선하는 선생님 등 그 직업에 있어서 어떤 사람이 되고자 하는지를 고민해야 한다. 이러한 고민 없이 특정 직업인이 되는 것에만 집중하다보니 막상 되고 나면 목표가 사라져 그 일이 재미가 없고 의미도 없어지는 것이다. 원하던 직업에 종사하는 것이 감사하지 않고, 그 일로 나오는 돈으로 누릴 것에만 집중하는 일이 부지기수로 벌어지는 것은 직업과 일에 대한 이런 교육이나 인식이 부재하기 때문이다.

사실 직업은 되기 위해 노력하고 준비하는 시간보다 그 일에 종사하는 시간이 더 길다. 그러므로 '어떤 ~가 되어 살아갈 것인가'가 정립되어야 실제로 그 직업인이 되었을 때 '진정한 출발'이 시작된다. '마음에 들지 않지만 억지로 한다'거나 '내가 이런 시시한 일을 할 사람이 아니다'와 같은 자세로는 본인도 힘들 뿐만 아니라, 정작 그 일을 잘할 수 있는 사람의 자리를 빼앗고 그 일로 영향받는 사람들에게 피해를 주는 나쁜 짓인지도 모른다.

3. 놀이처럼 즐거운 일

1) 놀이하는 인간, 호모 루덴스

아이들이 소꿉장난을 하거나 몸을 움직이는 게임을 하는 모습을 보면 그 상황에 푹 빠져 노는 모습을 볼 수 있다. 소꿉 도구가 제대로 갖추어 있지 않더라도 주변에 나뒹구는 돌멩이나 병뚜껑, 나뭇가지, 나뭇잎 등을 이용하여 놀이를 완성해나가며, 공간이 좁거나 주차된 차들이 걸리적거리더라도, 놀이터의 시설들이 구색을 갖추지 못했더라도 땀을 뻘뻘 흘려가며 친구들과의 놀이에 몰입한다. 이때 아이들에게 다른 모든 것들은 사라지고 놀이의 '순수한 즐거움' 만 보인다. 엄마가 찾지 않을까, 이러다 다치지 않을까, 남의 차를 긁어서 문제가 되지 않을까 등의 염려는 들어올 틈이 없다. 그야말로 신나게 움직인다. 아이들은 놀이를 통해서 자신의 내면과 다른 친구들과의 차이와 사물과 자연과 상호 작용을 하고 있는 것이다.

어른들의 경우도 마찬가지이다. 아무리 힘든 노동이라도 즐기는 마음으로 하면 이는 놀이다. 하고자 하는 일의 어떤 이미지를 마음속에서 찾기 시작하여, 자기 내면의 무언가의 지시를 따라 마음 가는 대로 몰입하다보면 내면의 창의성, 창조성이 발현되고 즐거움과 기쁨으로 가득찬다. 즉 순간적인 창조의 내적 원천을 따라가는 것이다.

> "무의식에서 나오는 원재료를 가지고 의식이 한바탕 자유로운 놀이를 벌인다."
> (스티븐 나흐마노비치. 2008:13)

놀이란 좋아하는 대상을 가지고 즐기는 마음으로 행하는 창조적 작업이며, 효율성과 상관없이 신나게 움직여 에너지를 분출하면서 순수한 즐거움을 추구하는 것이다. 이것은 각자 나름의 무의식이 가진 고유성을 드러내면서 '진정한 자아'로 돌아가는 것으로, 부지불식간에 진행되며 이성의 방해요소를 걷어내고 자신의 무의식에 내재되어 있는 힘을 발산하는 것이다.

여기서 '진정한 자아'란 개별적인 작은 자아가 아니라 심층적이고 창조적인 '큰 자아'를 말하는 것으로, 분리된 개성이 아닌 모두가 공유하는 근원을 드러내는 것이다(스티븐 나흐마노비치. 2008:47). 즉 나와 연결된 세계, 우리가 딛고 선 대지의 충만함과 성스러움이 놀이의 창조적 과정에서 드러난다.

누구나 자신의 고유성에 완전히 충실할 수 있다면, 섬세한 내면의 구조를 따라 우리 안에 애초부터 존재해왔던 근원적인 규칙을 따르면서 감춰져 있던 큰 자아를 드러낼 수 있다. 각자의 무의식에서 나온 것이지만, 타인이나 세계와 교감할 수 있고 이해될 수 있으며 더 확장 가능한 '진정한 자아' 말이다. 이것은 우리의 육체와 마음이 고도로 조직화된 상태로 긴밀히 연결되었을 때 가능하며, 문명화의 과정을 통해 통제와 진화의 반복을 거치면서 만들어진 능력이다.

요한 하위징아는《호모 루덴스》에서 "놀이를 아는 것은 마음을 아는 것이다. 여기서 놀이의 종류가 무엇인지는 중요하지 않다"라고 하면서 놀이는 원숭이나 유인원 같은 고등 포유류의 특징으로, 의례 · 예술 · 정치 · 스포츠 · 문명 등 삶의 전영역에서 고도로 발전했다고 말한다.

놀이를 통해 우리는 사람, 동물, 사물, 아이디어, 이미지, 우리 자신과 새롭게 상호 작용하는 방법을 발견한다. 놀이에서는 사회적 위계관계에 구속되지 않으며, 동떨어진 요소들이 하나로 합쳐질 수 있고, 기발한 행동도 허용된다. 많은 속박들에서 해방되며 행동 영역도 넓어진다. 놀이를 통해 반응이 풍부해지며 유연한 적응력도 길러지는데, 이것은 놀이의 진화적 가치다. 현실을 재해석하고 새로운 시각을 얻게 되며, 고정된 사고에서 벗어나 자신의 내부에 숨어 있던 능력을 재확인하게 되고, 이전에 해보지 않았던 방식으로 그 능력을 확장시킨다. 이러한 놀이과정을 통해서 신체형태, 사회형태, 사고형태, 이미지, 규칙 등을 온갖 방식으로 혼합하고 바꿔 보는 경험이 변화하는 맥락과 조건에 잘 대처하는 능력을 키워 다양한 문화 적응력을 길러준다.

그러나 이것은 안타깝게도 생존과 직결되는 위기상황에서는 얻을 수 없는 능력이다. 삶의 무게에 두려움을 느껴 관습적 쳇바퀴에 못 박히게 되고, 획일화된 무감각의 상태에 빠진다. 그래서 미지의 세계인 창조적인 삶을 택하는 것이 모험으로 보여 낯설고 두려워지게 되고, 관습적이고 획일화된 삶은 정상적이고 안전이 보장되어 있다고 스스로 강요당한다.

이러한 힘이 분출되는 것을 막는 또 다른 요소들은 게으름(나태함), 두려움, 나쁜 습관 등이 있다. 이것을 극복하는 유일한 방법은 '많이 하는 것' 이다. 결과를 염두에 두지 말고 무조건 하는 것이다. '양이 차면 변화가 일어나겠지' 라고 믿으며 계속해서 해보는 다양한 훈련과 연습이 부정적인 것들을 극복하게 만든다.

2) 반복과 연습, 몰입의 위력

> "우리의 표현능력을 열어주는 필수적 다양성은 연습, 연주, 반복, 탐구, 실험에서 얻어진다. 연습을 하지 않으면 몸과 마음이 굳어지고 다양성 수준은 끝없이 축소되고 만다 …… (그러므로) …… 기술이 없으면(즉 테크닉이 형성될 정도의 연습과 반복이 없으면) 예술은 없다."
>
> (스티븐 나흐마노비치. 2008:66)

어떤 일이든 철저하게 준비하고 많은 연습을 하려 해도 반드시 무엇인가가 문제를 일으키고 앞으로 나아가지 못하게 만든다. '이래도 더 해볼래?' 라고 묻는 듯한 순간, 한계라는 벽에 부딪치는 순간, 대부분의 사람들이 포기해버리는 이 순간이 또 다른 '기회' 이다. 이때 우리는 멈추거나 포기할 것이 아니라 무엇이 문제인지 어떻게 해야 할지 끊임없이 묻고 답하는 성찰, 즉 반성의 과정을 가져야 한다. 선입견, 자만심 등을 버리고 실수를 점검하면서 미처 알지 못했던 가능성을 열어야 한다. 돌발상황을 받아들이고 사고를 전환하면 해법이 찾아진다. 놀랍게도 최악의 상황에서 기발한 해결책이 생기고 최고의 창의력을 발휘하게 된다. 방해요인에 집중하면 새로운 눈으로 상황을 파악하게 되고, 그 안에서 연금술적 해결방안이 나온다. 여건을 따지는 것이 아니라 '무조건 하겠다' 라는 그 마음이 전부다. 그것만 보이는 '단순함' 의 경지에 이르러야 한다. 한계는 집중을 낳고, 집중이 상황을 단순하게 만든다.

"시냇물은 장애물에 부딪쳐야 노래한다." (스티븐 나흐마노비치. 2008:112)

단순함은 한계와 저항을 받아들이고 잃을 것도 얻을 것도 없는 상태, 즉 '노는 마음' 이 되어야 가능하다. '얼마나 많이 버렸는지를 보는 것으로 그 예술가의 수준을 가늠할 수 있다는' 요하네스 브람스의 말처럼, 창조적인 행동의 반복적 과정을 통해 가능하기 때문에 가장 어려운 일이다.

"위대한 과학적 발견의 순간도 결국은 복잡한 우주에서 갑자기 단순한 심층구조를 찾아내는 것이다." (스티븐 나흐마노비치. 2008:138)

"자연처럼 무수히 많은 상상력과 연습을 시도하고 버려야 한다. 많은 양의 연습과정을 통해 창조성은 추진력을 얻고, 영감은 더 커지면서 순간이 아니라 지속적인 활동으로 통합된다. 사람마다 연습의 방법, 테크닉이 모두 다르지만, 테크닉이 무의식적이 되도록 연습하면 작업(일)과 일상적 행동이 분리되지 않는다." (스티븐 나흐마노비치. 2008:96)

이러한 통합이 일어나려면 실험정신을 발휘하면서 완전히 '몰입' 해야 가능하며, 몰입의 상태가 바로 '내적인 즐거움', 즉 '놀이' 라는 보상으로 주어진다. 아주 잘되어가고 있을 때, 이 보상 때문에 '중독현상' 이 나타난다.

'중독' 은 '나태' 의 또 다른 이름일 수 있다. 힘들지만 열심히 연습하려고 노력하는 것과 연습이라도 하고 있지 않으면 강박적으로 불안한 것은 전혀 다른 문제이다. '중독은 과도한 애착이고, 나태는 과도한 거부이다.'[3] 중독은 에너지를 소모시키고 노예상태를 불러일으키며, 무언가를 찾아내기 싫어서, 불유쾌한 대상과 대면하기 싫어서 매달린다. 안으로 파고들어 무딘 모습을 만드는 '무한반복 실행' 이다. 반면 나태는 탈출구만 있는 '무한반복 불이행' 이다. 더 많을수록 더 즐겁다고 믿는 중독은 불균형 · 폭발 · 붕괴 등을 일으켜 결국 전체 체계를 무너뜨린다. 더 적을수록 더 안전하다고 믿는 나태는 억압과 차단을 끊임없이 반복하여 낙담과 가치상실을 초래한다.

이에 반해 몰입을 동반한 연습은 에너지를 생산하고 자유를 가져다주며, 더 많은 것을 알고 얻기 위해 매달리기 때문에 점점 더 확장되고 성장한다. 하지만 자신의 잘못된 생각을 깨뜨리는 '도전' 이 계속되어야 하기 때문에 늘 '고통' 을 수반한다. 이 도전과 고통의 회피가 중독 또는 나태를 초래하는 이유이며, 잘못되었다는 신호를 민감하게 포착하고 스위치를 뒤로 돌리지 않는 한 그 순환구조에서 벗어나기는 힘들다. 그래서 그저 불완전한 일을 하면서 불완전하게 전력을 기울이는 사람들이 우리 주변에 넘쳐난다.

여기에서 벗어나기 위한 가장 쉬운 방법은 결과를 생각하지 않고 그저 뛰어드는 것이다. 강해지는 유일한 방법은 취약함을 피하지 않고 받아들이는 것이다. 처음의 순수함, 호기심, 열망을 되찾기 위해 가진 것을 아낌없

---

3) '중독과 나태' 에 대해서는 스티븐 나흐마노비치의 책, 《놀이, 마르지 않는 창조의 샘》 pp.162~170에 자세히 다루어져 있다.

이 바쳐 '몰입' 해야 한다. 그런 노력이 축적되면 즐거운 자기확신이 생겨나는데, 이것이 '신념의 태도' 이다. 우리의 목적이 옳고 결국에는 장애가 극복될 것이며 우리 자신의 성장이 확실하다는 '신념' 말이다. 이것은 인내의 내적 측면으로, 일용할 양식을 얻기 위해 성실한 노동을 수행하겠다는 피조물의 태도이며, 자신의 자아와 일을 구분하지 않는 단계이다.

이것은 또한 자연이 정한 시간이 지나면 성숙해질 것이라 믿고 거름을 주며 준비한 세월이 있어야 가능한 단계이며, 그 과정의 노력들이 퍼즐조각 맞추듯이 조합되는 시간을 기꺼이 기다리는 사람에게 주어지는 것이다. 이때 우리는 자신과 영혼 사이를 가로막고 있던 무언가가 사라져 '진정한 자아' 를 경험할 수 있으며, 모든 재료들을 마음껏 다룰 수 있는 마법 같은 내면의 힘, 자유로운 놀이를 경험하는 것이다.

3) 창조성과 성숙, 그리고 자유

무의식에 내재되어 있던 지혜를 의식으로 끌어내는 행위인 창조성은 발견된 결과보다는 탐색과정에 더 많이 존재하며, 열정적인 반복, 연습에서 즐거움을 얻게 된다. 그러한 과정이 고도화 되어 가면 작업이 흐름을 타고 놀이가 되는 멋진 순간, 과정과 결과가 하나가 되는 순간을 맞게 된다. 이것은 열광(enthusiasm)의 단계(일종의 접신(接神)의 단계)에 들어간 것으로, 각자 자신의 뮤즈가 활개를 치는 영감을 경험하게 된다. 연습의 성과는 무의식에 여전히 남아 있고, 창조적 표현은 스스로 충분히 성숙해져서 터져 나온다. 섬광과 같은 영감들이 몰아치듯 재배열되고 정돈되어 균형을 갖춘 검토와 편집이 자연스럽게 일어나며, 앞서 시작되었던 놀이의 불완전한 결과물들이 다시 재창조되는 이 과정 자체가 예술이고 놀이이다. 이것은 이성과 판단을 넘어선 영역으로 많은 연습량과 창조의 과정 중에 있지 않으면 불가능한 체험이다.

뮤즈, 즉 직관의 목소리는 단일 유기체가 가진 복잡한 측면들을 조화시키는 신경계의 총합으로 중앙 집중형, 즉 지금 이 순간에 드러난다. 우리가 아는 모든 것, 우리의 모든 존재로부터 출발하여, 다양한 방향과 원천을 한순간에 결집시킨다. 세상은 하나이고 나도 그 세상에 연결되어 있다는 직접적이고 충격적인 깨달음, 그것이 늘 내 안에 있었음을 알게 되는 깨달음이다. 이 순간 절대적 확신이 드는 것은 바로 이 때문이다. 느낌과 사고를 포함하면서도 더 심오한 어떤 것으로, 이것은 내면의 목소리에 귀 기울일 때 알게 되는 것이다. 감정과 형태가 조화를 이루어 완벽하게 들어맞아 전체가 되는 시점으로, 이때 엄청난 에너지를 얻은 나머지 공중에 붕붕 떠다니는 느낌을 받게 된다(스티븐 나흐마노비치. 2008:144).

마음을 열고 그 흐름을 따라가면, 얻을 것도 잃을 것도 없다고 생각하면, 더 놀라운 결과가 나오며 진정성을 가진 큰 자아가 나온다. 마음의 소리를 찾는 것, 자기만의 목소리로 말하는 법, 표현하는 법을 깨우침으로써 이루어지는 일이다. 그러나 일상 속에서 이런 인식을 습관화 하는 것은 어려운 일이며, 살아생전에 깨닫지 못할 수도 있지만, 제대로 이것을 깨우칠 때 '자아실현' 이란 말의 의미를 정확하게 체득할 수 있다.

성숙과 성장은 도전과 응전의 과정에서 이루어진다. 풀리지 않는 그 무언가에 매달려 스스로의 한계를 확인하는 그 '창조적인 절망' 의 끔찍한 경험이 문제해결의 한 단계이고 성장의 원동력이다. 왜냐하면 우리의 뇌는 '도전과 응전의 원리' 로 발달하기 때문이다. 도전은 한계를 낳게 되고, 우리의 뇌는 이 상황을 생존을 위협받는 것으로 인식한다. 그래서 고통의 의미를 더욱 깊이 생각하게 되고, 그 과정을 통해 그 고통에서 벗어나는 능력이 형성되는데, 이것이 '정신적 성숙' 이다(황농문, 2013:189).

이러한 경험은 나 자신을 온전히 문제에 던졌을 때 가능하며, 그 고통스러움이 대부분의 사람들을 포기하게 만든다. 하지만 첫 번째로, 두 번째로, 다시 세 번째로 배신당하는 느낌을 학습하고 나면 경험으로 정리된 노련함이 찾아온다. 순수함이나 자유로운 상상력 놀이가 현실과 부딪혀,

무엇이 맞고 무엇이 틀린지, 무엇이 가능하고 무엇이 가능하지 않은지 알게 되는 것이다. 환상이 현실과 충돌하여 깨지는 것은 배움의 핵심이고 긍정적인 현상이지만, 고통스럽다. 이것은 어느 누구도 예외가 아니며, 어려움을 느끼고 두렵고 포기하고 싶은 마음이 엄습한다. 그러므로 근본적인 장애는 외부가 아닌 우리 안에, 삶의 방식 자체에 있는 것이기 때문에 고난을 통해 자신을 초월해야 한다. 두려움에서 빠져나오는 유일한 방법은 고통의 근원에 곧장 들어가 과연 무엇이 나를 괴롭히는지 파악하고, 그것을 극복하는 것이다. 이것이 한계를 극복해냈을 때 우리가 '자유(Freedom)'를 경험하는 이유이다(스티븐 나흐마노비치. 2008:167).

최고의 결과는 이제 아무것도 남아 있지 않다고 생각될 때 찾아온다. 모든 희망과 두려움을 다 버린 상태, 잃을 것도 얻을 것도 없는 통제와 방임의 역설이 일어나는 시점에 일어난다. 진심을 담아 나를 내려놓고 나를 비우면서 작업현장에 머물러야 한다. 자신에 대한 신뢰와 자아에 대한 포기가 없다면 무언가 비어버린 듯한 그 낯섦과 두려움을 대면하기 어렵다. 그러나 그 안에서 자신이 가장 강하고 효율적임을 깨닫게 되며 이전의 어떤 과정들보다 더 정확한 방식으로 우주적 질서에 맞춰 작업하는 것이 가능해진다. 이것이 다른 세상으로 옮겨가는 것, 자유의 영역으로 들어가는 것, 절대자의 세계를 경험해보는 것이 아닐까?

누구나 인생에 한번쯤은 약하게 또는 강하게 이런 경험들을 해보았을 것이다. 학교시험을 치면서, 대입준비를 하면서, 취업준비를 하면서, 또는 주변의 기대나 나 자신의 능력에 도전해보면서. 이런 경험이 삶의 여러 국면에서 지속적으로 이루어진다면 충만하고 행복한 삶을 살아갈 수 있음을 알고 있으면서도 계속해서 도전하지 못하는 이유는 무엇일까? 가장 근원적인 이유는 자신을 믿지 못하기 때문이다. 성장과정에 경험했던 부지불식간의 상처와 실패들이 자존감을 떨어뜨려 호기심보다는 두려움이 더 크게 작용한다. 그래서 삶이 재미가 없고 지루함이 엄습한다.

'지루함' 은 텅 빈 상태에 대한 두려움이 다른 형태로 드러나는 것이다. 질투, 분노, 탐욕, 자기애착 등의 뿌리는 두려움으로, 중독이나 나태와 같은 뿌리다. 많은 사람들이 일을 해나가는 과정에서 경험하는 복합적인 이러한 감정들을 현대소비사회는 자본의 힘으로 흡수해버린다. 지루함을 손쉽게 덜 수 있는 오락거리는 주변에 넘쳐나고, 그것을 찾도록 암묵적으로 교육받는다. 두려움은 망각되고, 집중의 힘은 사라져버리고, 장기적인 오류 행동이 증가하는 악순환이 일어난다. 그래서 항상 '재미있는 것 없나?' 하고 살피고 있지만, 진짜 '제대로 논다' 는 것이 무엇인지 모른 채 살아간다.

놀이는 그 자체로 만족감을 주는 것이지 다른 무언가를 이루기 위한 조건이나 수단이 아니다. 놀이, 창의성, 창조성, 자율성 등의 모든 경험은 그 자체로 보상이 된다. 다른 보상이나 이익을 목적으로 하게 되면 놀이는 막혀버린다. 상상력을 최대로 사용할 때 얻어지는 기쁨, 책임감, 이해력, 평화 등을 놓치는 것이다. 그러나 제대로 몰입하여 놀이를, 작업을 수행한다면 다르다. 어떤 영적인 세계에 들어간 듯한 흥분, 무언가 마법 같은 것, 영감에 몸을 맡김으로써 자유와 내적인 힘, 명료함, 충만함, 군더더기 없음, 고칠 것 없음, 한계가 없는 느낌 등이 우리를 가득 채운다. 이런 모든 경험들은 그 자체로 보상이 되는 것이다. 이 때문에 '사람은 빵만으로는 살 수가 없다' 고 종종 이야기된다.

그러나 자본주의 경쟁사회에서는 그 자체가 좋아서 하는 보상 이외에 돈, 명예, 인기 등 놀이와 거리가 먼 요소들이 끼어든다. 우리 안의 아이 같은 모습은 감추어지고 사회가 요구하는 경직된 가면을 뒤집어쓴다. 꾸미지 않고 단순한 아이 같은 모습, 즉 우리의 근원이 드러나려면 험난한 투쟁이 필요하다. 단순해지는 것이 참으로 어렵다. 그러나 이러한 경직된 가면의 두께가 두꺼워질수록, 다른 사람의 창조력에 의지할수록 우리는 점점 나약해지고 '나다움' 은 사라진다. 단순함, 내 안의 에너지, 열정, 스스로의 창조력 등이 발휘될 때 우리는 더 단단해지고 세상은 나를 중심으로 움직이게 된다. 그러므로 창조성, 유머감각, 자기스타일, 적당한 뚝심, 어느 정도의 인내력만 있다면 얼마든지 세상의 장애를 뚫고 자신이 원하는 길을 갈 수 있다.

가치 있는 일을 목표로 잡고 시간과 노력을 투자하다보면, 특정한 시기가 되었을 때 '몰입'의 필요성을 느끼게 된다. 그리고 오랜 기간의 몰입이 그 일을 좋아하게 만드는 것이다(황농문, 2013:33). 몰입도가 올라가면 일이 그렇게 힘들지 않고 오히려 긍정적 감정을 느끼게 되며 일의 효율도 올라간다(황농문, 2013:65). 그러므로 '내 인생을 바쳐 종사할 수 있는 좋아하는 일'은 노력과 투자의 결과물이지, 어딘가에서 내가 해주길 기다리고 있는 준비된 어떤 것이 아니다.

힘들고 어려운 과정에서 깨닫게 된 '나만의 극복 방법'은 우리 자신을 더 강하게 만들고, 이 '비법'이 가치 있고 의미 있는 결과를 만들어내게 되어 그 시너지가 공적인 영역까지 확대, 성장하는 것이다. 이러한 단계에 오를 때 모두가 바라는 '재미있고, 돈도 되며, 할수록 덜 힘들고 쉬어지는 일'이 되는 것이다. 그러므로 끊임없이 배우고 현장에서 뛰는 자세를 가진다면 '선순환'은 계속해서 이루어질 것이다.

생각해봅시다.

1. 일과 놀이는 구분되어야 할 것인가요, 아니면 같은 것의 다른 측면인가요?
2. 일을 계속해내는 추진력은 어디에서 나오는 것일까요?
3. 나의 직업관과 인생관은 어느 정도 정립되었나요?
4. 나에게 맞다고 생각되는 직업에는 어떤 것들이 있고, 왜 그렇게 생각하나요?
5. 나의 창의성은 어느 정도라고 생각하며, 왜 그렇게 생각하나요?
6. 나에게 자유란 무엇인가요?

〈토론해볼 문제〉

1. 나는 어떤 것을 할 때 즐겁고, 어떤 것을 할 때 고통스러운가요?
2. 창의성은 타고나는 것일까요, 노력의 결과물일까요?
3. 후기산업사회에 살고 있는 나는 이미지(Image)에 어느 정도 영향을 받고 있을까요?
4. 돈 되고 재미있는 일에는 어떤 것들이 있다고 생각하며, 자신은 그 일에 적합하다고 생각하나요?
5. 집중력과 몰입의 경험이 있다면 언제이며, 어떤 느낌들이 있었나요?
6. 성숙한 사람은 어떤 것을 갖춰야 한다고 생각하며, 나는 그런 사람이 되고 싶나요?

[도움 줄 책]

- 요한 하위징아. 이종인 역(2010). 《호모 루덴스》. 연암서가.
- 김정운(2011). 《노는 만큼 성공한다》. 21세기북스.
- 최인수(2011). 《창의성의 발견》. 쌤 앤 파커스.
- 혼다 켄. 홍찬선 역(2005). 《돈과 인생의 비밀》. 더난출판사.
- 말콤 글레드웰. 노징태 역(2009). 《아웃라이어》. 김영사.

제9장
죽음이란 무엇인가?

죽음이란 무엇인가?

1. 죽음의 속성

메멘토 모리(Memento Mori)!

사는 동안 끊임없이 죽음을 기억하라는 짧고도 강렬한 이 메시지를 들어본 적 있을 것이다. 아직 젊은 그대가 왜 생의 마지막을 앞당겨가며 새겨야 하는가? 그것은 바로 죽음이 가지고 있는 두 가지 속성 때문이다. 하나는 우리는 피할 수 없이 반드시 죽음을 받아들여야 하는 유한한 존재라는 점, 즉 죽음이란 필연적이라는 것이고, 다른 하나는 죽음의 시간이 계획서의 목록처럼 정해지지 않았다는 점 바로 예측 불가능하다는 것에 있다.

잘 알려진 이야기처럼 중국의 진시황은 불로초를 찾아 엄청난 시간과 수고를 쏟는다. 지금 생에서 누리는 부귀영화를 놓고 싶지 않은 그의 간절한 바람은 물론 이루어지지 못한다. 죽음이라는 생의 마침표를 피할 수 없다는 것은 생명체의 필연이기 때문이다. 죽음이 필연적이라는 진실은 한마디로 말해서 '이미 엎질러 진 물'인 채로 이미 우리가 탄생한 순간부터 각자의 몫으로 주어져 있는 것이다. 그리고 어떠한 방식으로도 이미 엎질러진 물을 담을 길이 없다.

다시 말해 우리의 삶은 이미 정해진 결어(結語)를 향해 나아가는 과정이다.

나의 탄생, 나의 이름, 나의 가족이 나의 선택이 아니듯 죽음 또한 나의 선택지에 있지 않다. 결국 우리의 선택지는 태어남과 죽음의 사이 즉 '삶'에서만 가능한 것이다. 우선 우리는 이어지는 세 가지의 이야기를 통해서 죽음의 필연성과 예측 불가능성 앞에서 펼쳐지는 우리들의 다양한 자화상을 이야기하고자 한다.

1) 첫 번째 이야기 – 이반 일리치의 죽음

톨스토이의 소설 《이반 일리치의 죽음》에 등장하는 주인공 일리치를 통해 먼저 그 진실과 마주 서 보기로 하자. 일리치는 크게 세속적인 성공을 거둔 판사다. 그에게는 성공, 돈, 명예뿐 아니라 상냥하고 아름다운 아내와 자식들도 있다.

그런데 죽음이 우리에게 다가오는 방식은 결코 친절하지 않다. 젊은이에게도 그리고 나이든 노인에게도 그것은 불쑥 우리의 일상을 덮친다. 일리치에게 다가온 죽음도 여지없이 삽시간이었다. 우선 일리치는 그 사실을 받아들일 수 없다.

"왜 하필 나야?"

그는 분노한다. 자신보다 무능력하고, 저급하고, 또한 무가치한 인간들도 무탈하게 일상을 꾸려가고 있는데 말이다.

당연히 그의 아내가 받은 충격도 크다. 아내는 일리치를 위로하고, 함께 염려한다. 얼마 가지 않아 분노하던 일리치에게 무기력과 우울이 찾아온다. 더불어 일리치의 아내는 '판사'라는 수식어가 붙지 않는 그를 귀찮아한다. 이때 그에게 깨달음의 실마리를 제공하는 것은 그의 집사에 불과하며 평상시 일리치가 무심하게 지나치던 게라심이다. 매 순간 누구에게나 진정어린 모습을 보이는 게라심를 통해 일리치는 자신이 의심할 바 없이 따랐던 상류층의 삶의 방식이 잘못되었다는 것을 깨닫는다. 종국에는 공포 없이 죽음을 받아들인 이반 일리치의 나이는 마흔다섯이다.

2) 두 번째 이야기 – 잠자의 죽음

카프카의 소설 《변신》에 등장하는 잠자의 경우를 보자. 그 이야기에서 잠자라고 불리는 평범한 소시민이 등장한다. 잠자는 순박하고 지극히 평범한 사람이자 가족을 위해 일하는 성실한 구성원이다. 잠자의 일과는 정시에 출근하고, 게으름 피우지 않고 일하는 성실함으로 점철되어 있다. 잠시 멈추어 우리 자신에게 이런 질문을 해보자.

'나의 일상을 깨뜨리는 낯선 변화가 일어날 때 우리는 얼마나 그것에 유연하게 대처할 수 있는가?'

평범한 일상이 계속되던 어느 날 아침, 잠자는 자신의 모습이 징그러운 갑충으로 변해 있다는 사실에 직면한다. 그에게 가장 먼저 떠오르는 생각은 무엇이었을까? 애석하게도 잠자의 머릿속을 가장 먼저 차지한 걱정은 회사에 지각하지 말아야 한다는 것이다. 결국 잠자는 죽음에 이른다. 성실하고 선량한 자신이 왜 갑충으로 둔갑했는지 모른 채 말이다. 아마도 우리는 잠자가 다시 사람의 형상으로 돌아오는 결말을 바랄지도 모른다. 하지만 싸늘한 주검으로 발견되는 잠자의 형상은 여전히 징그러운 갑충이다.

처음에는 잠자를 걱정하며 호들갑을 떨던 가족들은 얼마 지나지 않아 돈벌이를 할 수도 없고, 거추장스러운 '갑충 – 잠자' 가 사라지기를 기다린다. '회사원 – 잠자' 가 아닌 무능력한 그는 더 이상 가족의 구성원이 아닌 것이다. 왜 갑충이 되었는지 모른 채, 다시 예전 자신의 모습을 되찾지 못하고 잠자는 죽음을 맞이한다.

3) 세 번째 이야기 – 카터와 에드워드의 죽음

세 번째 이야기는 영화에서 시작된다. 자동차 정비사인 카터 체임버스는 예고 없이 갑작스레 찾아온 병으로 죽음을 선고받는다. 그리고 병원에서 46년 전 대학 신입생 시절 철학 교수가 들려준 이야기를 떠올린다. 그것은 죽기 전에 꼭 하고 싶은 일을 적은 '버킷 리스트'를 만들라는 권고다.

그의 병실에 재벌 사업가인 에드워드 콜이 함께 있다. 에드워드 콜은 돈을 벌고, 사업을 확장하는 일, 즉 이해타산이 맞는 일 외에는 어떤 것도 허용하지 않는 철저한 사업가다. 물론 에드워드도 죽음을 앞둔 환자다.

그러던 어느 날 의사의 만류에도 불구하고 그 둘은 의기투합하여 병원을 뛰쳐나간다. 바로 버킷 리스트를 직접 행동에 옮기기 위해서다. 타지마할에서 세렝게티까지, 최고급 레스토랑에서 허름한 문신 집까지, 구형 스포츠카에서 비행기까지 그렇게 함께 작성한 목록을 들고 열정적인 모험을 시작한다. 물론 그 과정에서도 어려움에 봉착하거나 목록을 수정해야 하는 순간이 닥쳐왔지만 그 둘의 삶에 이토록 가슴 뛰고, 아이처럼 신나는 순간은 없었다. 카터와 에드워드는 우리에게 묻는다.

> "지금 이 순간, 당신이 가장 하고 싶은 일은 무엇입니까?"
>
> (영화 〈버킷리스트〉, 2008)

4) 필연성 그리고 예측 불가능성

일리치, 잠자, 그리고 카터와 에드워드까지 죽음은 어느 날 문득 예고하지 않은 시간에 우리를 덮친다. 상류층 판사인 일리치에게도, 아직은 젊은 잠자에게도, 이미 노년기에 접어든 정비공 카터와 회사 사장 에드워드에게도 죽음은 필연적인 동시에, 예측 불가능한 것 즉 낯선 것이다.

우리는 '죽음'이라는 단어 앞에서 거부감을 피할 수 없다. 또한 이것은 죽음이라는 주제가 우리 앞에 다가선 순간 뒤로 물러서고픈 이유이기도 하다. 망각이라는 편리한 장치는 '우리 자신의 죽음 또한 위의 주인공들과 마찬가지로, 필연적으로 동시에 예측 불가능한 방식으로 어느 날(one day) 밀어닥치는 불청객'이라는 진실을 피하고 살도록 만든다.

앞에서 예를 든 이반 일리치의 경우를 다시 살펴보자. 일리치의 죽음은 주변 사람들의 일상을 깨뜨릴 특수한 일이 되지 못한다. 주변 사람들에게 일리치의 죽음은 잠시 스치는 불유쾌한 에피소드에 불과하며, 그로 인해 자신들의 유쾌함, 일상의 평온이 깨지는 것을 원치 않는다. 오히려 일리치의 동료들은 판사 자리의 공석으로 인해 자신에게 돌아올 이익의 몫을 계산하기에 바쁘다.

논리학의 가장 유명한 방식인 삼단논법은 이런 예를 우리에게 들고 온다. "인간은 죽는다. 소크라테스는 인간이다. 그러므로 소크라테스도 죽는다." 거부감이 드는가? 당연히 그렇지 않다. 인간인 소크라테스의 죽음은 지당하고 상식적인 일이다. 그러면 이렇게 예시를 바꾸어 보자. "인간은 죽는다. 나는 인간이다. 그러므로 나도 죽는다." 왠지 앞의 예시처럼 편치는 않다. 이제 그 이야기를 좀 더 자세히 나누어 보자.

2. 죽음 수용의 단계

1) 죽음의 성찰

장 켈레비츠(V. Jankélévitch)는 죽음을 세 가지로 분류한다. 하나는 1인칭 죽음이고, 다른 하나는 2인칭 죽음, 나머지 하나는 3인칭 죽음이다. 짐작하는 바와 같이 1인칭 죽음이란 바로 나 자신의 죽음을 말하는 것이고, 2인칭 죽음은 나와 가까운 이의 죽음을 말한다. 물론 3인칭 죽음은 우리가 죽음에 대해 가장 먼 거리를 두고 바라볼 수 있는 제3자 혹은 익명의 누군가의 죽음을 말한다.

가까운 이의 죽음은 우리를 극한 슬픔으로 내몬다. 얼마 전 타계한 작가인 박완서는 남편과 아들을 차례로 잃는다. 어느 날 박완서를 인터뷰하던 기자가 그녀에게 묻는다. "선생님은 어떻게 슬픔을 극복하셨나요?" 그녀는 대답한다.

"사랑하는 이를 잃는 슬픔은 영원히 극복될 수 없는 것입니다. 우리는 오직 버틸 수 있을 뿐이에요."

우리는 그것을 '빈집'에 비유할 수 있다. 빈집에는 지금 사람이 살지 않는다. 따라서 그것은 텅 빈 공간이다. 그러면 그것은 그저 공터와 무엇이 다른가? 공터에는 원래 아무도 존재하지 않는다. 따라서 공터에서는 아무런 느낌을 가질 필요가 없다. 그것은 존재하지 않음 즉 무(無)이기 때문이다.

그런데 빈집은 누군가가 거기에 살고 있었음을 증명해주는 증거물이다. 그리고 더 이상 누군가가 없다는 증거물이기도 하다. 무와 달리 그것을 부재(不在)라고 불러보자. 부재는 우리에게 버틸 수밖에 없는 깊은 슬픔을 남긴다. 있던 존재가 사라지는 빈집의 슬픔처럼 가까운 이의 죽음은 우리를 죽음에 한 발짝 더 다가서 성찰하도록 만드는 것이다.

우리는 아이러니하게도 2인칭과 3인칭의 죽음에서는 나 자신에게도 언제 닥칠지 모르는 단 하나의 사건인 '죽음'에 대해 느끼고, 생각하고 혹은 음미하면서도 정작 나 자신의 죽음은 인지할 수가 없다. 그렇게 정작 나의 죽음은 나에게서 가장 멀리 서 있는 매정한 것이기도 하다.

그런데 이것이 또한 우리에게 성찰의 실마리를 제공하기도 한다. 철학자 하이데거(M. Heidegger)는 그러한 실마리를 '죽음에의 선구'라고 부른다. 무슨 뜻일까? 알다시피 선구(先驅)는 미리 앞서 나가는 것을 말한다. 하이데거에 의하면 죽음은 가장 고유하고, 가장 극단적이며, 가장 확실한 가능성이다. 그렇다면 이때 죽음은 누구의 죽음일까? 그것은 어느 누구도 대체할 수 없는 유일한 존재로서의 나의 죽음이다. 즉 우리 각자는 죽음을 전적으로 홀로 떠맡아야 하며, 아무도 그것을 대신해줄 수도 또한 함께 해줄 수도 없다.

그렇다. 하이데거의 말처럼, '나의 죽음'이란 우리가 그토록 집착하고 또 붙잡으려고 애쓰는 모든 것들을 일시에 부차적이고 사소한 것으로 만드는 가장 확실하고도 가장 강력한 가능성이다. 그러므로 그것은 언제나 개봉박두 상태에 있는 것이다. 따라서 하이데거는 그것이 다른 일상적인 가능성과는 확연하게 다른 가장 강력하고, 근원적이며, 확실한 것이라고 말한다.

그렇다면 어쩌라는 말인가? 이반 일리치의 경우를 다시 한번 생각해보자. 일리치는 죽음 앞에서 자신이 집착해온 가능성인 재산과 명성이 생존을 위한 보조적이고 부차적인 의미라는 것을 발견한다. 이때 죽음은 가장 확실한 '가능성'으로 일리치를 이끈다. 요약하자면 죽음은 우리가 통상적으로 생각하는 막연한 미래에 있는 것이 아니라 언제든지 침입해올 수 있는 가능성, 즉 우리 앞에 끊임없이 박두해 있는 가능성이다.

하이데거는 죽음 앞에서 도피하지 않고 그것을 용기 있게 인수하면서 일상적인 가능성에서 벗어나 자신의 본래적인 가능성을 선택하는 것을 죽음을 향해 자각적으로 앞서 달려감 즉 죽음으로의 선구(先驅)라고 부른다. 아래의 그림을 보면 어떤 생각이 떠오르는가? 그것을 제대로 들여다보면, 너무 많이 신어서 헐거워진 구두의 안쪽 어두운 틈을 통해 들일을 가야 살아갈 수 있는 자의 힘겨움을 포착할 수 있다. 오래된 구두에는 빵을 확보하기 위해 고군분투해야 하는 근심 혹은 고난을 다시 넘어선 뒤의 말없는 기쁨이 자리하는 것이다(마르틴 하이데거, 1996).

하이데거의 말마따나 죽음을 앞당겨 생각할 줄 아는 사람은 그림 속 신발이 단지 낡고 초라한 물건에 지나지 않는 것이 아니라, 온갖 진정성 어린 사연과 삶의 여정을 고스란히 간직하고 또 드러내는 묵직한 것이라는 진실을 붙잡을 수 있다. 결과적으로 그러한 성찰 앞에 섰을 때에야 우리는 삼라만상이 그 자체적인 존재의미를 충만

빈센트 반 고흐(V. V. Gogh). 〈신발들〉. 1887.

하게 가졌다는 것을 깨치는 것이다.

2) 죽음 수용의 5단계

스위스 출신 정신과 의사인 엘리자베스 퀴블러로스(E. Kübler-Ross)는 말기 환자를 대상으로 평생 동안 호스피스 활동을 펼쳤다. 그리고 그녀는 수없이 관찰하고 분석한 환자들의 언행을 통해서, 우리가 죽음을 수용하는 단계를 다섯 가지로 나눈다.

① **부인**(denial) : 첫 번째 단계에서 많은 사람은 죽는다는 사실을 받아들이려 하지 않는다. 그는 "절대로 나는 아니야"라며 불치병에 걸린 사실을 부인한다.

② **분노**(anger) : 두 번째 단계에서는 분노나 원망으로 바뀐다. '왜 하필 나야?' 라는 억울함이 이제 그를 덮친다.

③ **거래**(bargaining) : 죽음을 지연시키는 방법을 찾으려고 온갖 궁리를 한다. 예를 들어 자신의 생명을 연장시켜 준다면 '~을 하겠다' 는 약속을 내건다.

④ **우울**(depression) : 병세가 갈수록 악화되고 있음을 깨닫게 되면서 절망상태에 빠진 환자는 우울증에 시달린다. 이때 자신이 죽은 뒤 남겨질 가족에 대한 걱정, 마무리하지 못한 일에 대한 걱정 등이 그를 덮친다.

⑤ **수용**(acceptance) : 마지막 단계는 죽음에 임박하여 그가 이 세상과 결별하려는 순간이다. 마침내 죽음이 피할 수 없는 것임을 인정하고 마음으로 받아들인다.

물론 우리의 삶이 다양한 색채로 이루어졌듯이 우리의 죽음 또한 위와 같은 다섯 가지 단계를 예외 없이 밟아가는 것은 아니다. 혹자는 5단계에 이르지 못한 채 억울한 상태에 머무를 수도 있고, 혹자는 나머지 단계를 거치지 않고 곧장 자신의 마지막을 수용할 수도 있을 것이다. 퀴블러 로스의 이야기를 여기서 꺼내든 이유는 오직 인간만이 죽음에 관해 성찰한다는 점에 있다. 예외가 있다 하더라도 퀴블러 로스의 진정 어린 활동과 분석을 인정한다면 우리는 종국에는 자신의 죽음을 수용하려 안간힘을 쓰는 존재다.

철학자인 데리다(J. Derrida)는 그것이 동물과 우리들의 차이라고 말한다. 쉽게 말해 동물은 그저 소멸되어 사라진다. 타인의 죽음을 바라보지도 못할 뿐 아니라, 자신의 죽음을 체험하고 겪어내지도 못한다. 그저 있던 것에서 없는 것으로 가뭇없이 없어지는 것이다. 얼룩말이 사자에게 잡아먹힌다고 해서 부인하다가 마침내 수용하는 짧고도 긴 과정을 거치지는 않으니 말이다. 하지만 인간의 죽음은 그것과 다르다. 우리만이 죽음을 죽음으로서 올곧게 경험하고, 느끼고, 성찰한다. 한마디로 말해 인간만이 사라지지 않고 죽는 것이다. 그리고 인간만이 죽음을 통해서 삶의 에너지를 얻는다.

3. 죽음과 인생수업

얼마 전 텔레비전 프로그램에서 얼굴이 꽤 알려진 연예인이 죽음을 가상 체험하는 장면이 나왔다. 실제 숲으로 사람들을 데려가서 각자의 관에 눕힌 채로 관의 뚜껑을 닫는다. 외부와 차단된 채 어두움 속에 홀로 눕게 되었을 때 무엇이 가장 먼저 떠올랐을까? 불안 혹은 공포와 함께 어둠 속에서 우리를 사로잡는 것은 '미처 이루지 못한 것'에 대한 아쉬움, 미련, 회한 등일 것이다. 그런데 아이러니하게도 그러한 후회의 목록에 들어차는 것은 지금 우리가 좇고 있는 것이 아니다. 그것은 지금, 여기서 곧장 실천으로 옮길 수 있는 사소하고 단순한 것들이다.

앞서 언급한 의사인 엘리자베스 퀴블러 로스는 평생을 바친 호스피스 활동을 통해 죽음을 목전에 둔 사람들에게서 일종의 '후회 - 목록' 을 만든다. 말하자면 살아생전 이루지 못한 아쉬운 것들의 차림표다.

추측해보자. 그것은 좀 더 나은 직장, 미처 받지 못한 좋은 성적, 더 큰 집, 멋진 자동차, 통장에 있는 더 많은 돈이었을까? 아니다. 거기에는 일상적이고 사소한 것들이 자리하고 있다. '바다를 보러 가는 것, 신나게 춤을 추는 것, 누군가와 다정히 눈을 맞추고 마음에 담긴 이야기를 하는 것' 등이 그것이다. 앞에서 예를 든 소설과 영화의 주인공이자 우리의 자화상이기도 한 일리치, 잠자, 카터와 에드워드가 우리에게 남기는 말은 무엇이었을까? 그것은 바로 우리가 서 있는 지금, 여기에서 자신의 진정성을 담은 삶을 살아가라는 말일 것이다.

진정성을 실천하는 것에는 큰 비용이 들지 않는다. "죽음이 주는 교훈은 항상 똑같다. 삶을 살아가라는 것, 정직하고 충만하게 삶을 살아가는 것"이라는 퀴블러 로스의 말처럼 우리는 죽음에 관한 담론을 통해서 여기서 살아가는 삶을 배울 수 있다.

어려운가? 바다를 보러 가는 것은 길을 나서는 순간 이루어지는 것이며, 춤을 추는 것은 의자에 앉은 내 몸을 일으키는 순간 가능한 것이다. 또한 누군가와 마음에 담긴 말을 풀어내는 것은 작은 용기를 통해 언제든 실행할 수 있다.

평생 죽어가는 이들과 함께 죽음을 통한 삶의 가치를 탐색한 퀴블러 로스의 발견처럼, 죽음은 우리에게 생기 돋는 삶을 부추긴다. 어서 자리에서 일어나 하늘을 쳐다보고, 깊은 숨을 마시고 뱉어보고, 옆자리의 사람과 기꺼이 춤추라고 말이다.

흥미로운 조사 결과 하나를 잠시 짚고 넘어가자. 한 사회복지학자는 10여 년의 긴 연구시간을 통해서 퇴임과 함께 노년을 맞이한 사람들을 심층 인터뷰 했다. 말하자면 그것 또한 후회목록이다. 후회의 순서를 매겼을 때 가장 빈번하게 등장하는 항목을 헤아려 본 결과를 살피면 다음과 같다.

악기 하나 정도 연주할 수 있었다면, 제대로 놀 줄 알았더라면, 내가 하는 일을 돈 버는 수단이 아니라 진심으로 좋아했더라면, 내 몸을 소중히 다루었더라면, 사소한 것이라도 글을 썼더라면, 나만의 멋과 매력을 가꾸었더라면, 아무 데서나 최선을 다하는 어리석음을 갖지 않았더라면, 나만의 시간을 가졌더라면, 감정을 전하는 법을 배웠더라면, 도움을 청하는 방법을 익혔더라면, 물질보다 경험을 더 많이 소비했더라면 등이었다.

그 목록에 돈을 좀 더 가졌더라면, 좀 더 성공했더라면, 좀 더 열심히 노력했더라면 등은 역시 없다. 그렇다면 그것은 얼마나 사소하고 또한 일상적인 것인가? 작정만 한다면 지금, 여기에서 바로 실천 가능한 이 항목들은, 죽어가는 이가 삶을 다시 얻게 된다면 해보고픈 간절한 것이고, 또한 이제 젊음을 상실한 채 노년을 맞이하는 사람들이 바라는 것이기도 하다.

4. 죽음과 현재-지금, 여기, 나

카르페 디엠(Carpe Diem)!

꽤 오랜 시간이 지난 후에도 여전히 감동을 주는 영화인 〈죽은 시인의 사회〉를 살펴보자. 전통, 명예, 훈육, 탁월이라는 네 가지 원칙을 철저히 고수하고 있는 명문사립학교 웰튼 아카데미에 키딩이라는 이름을 가진 선생님이 부임한다. 그는 지금은 저세상 사람이 된 아카데미 출신 선배들의 사진을 보여주며 묻는다.

“여러분들이 잘 들어보면 그들의 속삭임이 들릴 것이다. 자, 귀를 기울여 보라. 들리나? 카르페 디엠. 오늘을 잡아라.”

오늘을 잡는다는 것은 무슨 뜻일까? 그것은 어떻게 가능한가? 키딩은 우리에게 우선 다른 시각으로 삶을 바라볼 것을 권유한다. 그는 학생들을 책상 위에 올라서도록 부추긴다. 학생들로 하여금 앉아서 보는 교실과 책상위에 서서 바라보는 교실은 다르다는 것을 스스로 깨치게 하는 것이다. 학생들은 선생님의 부추김에 이끌려, 세상이 정해놓은 기준, 모범생들이라면 마땅히 가야 하는 길, 부모와 선생님들의 기대를 잠시 내려놓고 책상위에 서서 자신이 몸담은 익숙한 공간을 다른 시각으로 바라본다.

물론 세상은 키딩 선생님을 허용치 않는다. 그는 처벌을 받고 학교를 그만두게 된다. 하지만 학생들은 삶에서 가장 중요한 시점은 바로 지금이며, 가장 중요한 공간은 여기이고, 그것을 이끌어가는 주체는 나 자신이라는 점을 깨치게 된다.

호라티우스의 시

신들이 그대, 혹은 나에게 무슨 운명을 줄 것인지 알려고 하지 말게나.
레우코노에여, 혹은 바빌로니아 숫자놀음도 하지 말게나.
미래가 무엇이든 간에 우리에게 주어진 운명을 견디는 것이 훨씬 훌륭한 것이라네.
유피테르 신께서 너에게 더 많은 겨울을 나게 해주시거나,
혹은 이것이 일생의 마지막 겨울이거나,
지금 이 순간에도 티레니아 바다의 파도는 맞은편의 바위를 점점 닳아 없애고 있다네.
현명하게 살거나, 포도주를 줄이고 먼 미래의 욕심을 가까운 내일의 희망으로 바꾸게나.
지금 우리가 말하는 동안에도, 질투하는 시간은 이미 흘러갔을 것이라네.
오늘을 즐기게. 미래에 최소한의 기대를 걸면서.

(호라티우스, 《송가》, 11편, XI)

한마디로 지금, 여기에서 내가 원하는 것을 곧장 실천해보는 것이다. 수많은 임종을 지켜본 학자인 퀴블러 로스의 조언처럼, 학생들의 가슴에 돌을 던진 키딩 선생님의 권유처럼 생의 마지막에서 우리가 원하는 것을 지

금 하는 것이다. 그리고 그것은 성실하라, 협동하라, 노력하라 등의 구호에서 비켜 선 것이다.

언제나 '미래' 혹은 '언젠가'에 자신을 내건 채 잰걸음을 옮기고 있는 우리를 멈추어 보자. 그리고 하늘을 올려다보고, 바다의 내음을 맡고, 혼자된 시간을 즐기고, 사랑하는 사람들의 손을 잡는 것에서 출발하자.

이제 죽음이란 논의를 펼치는 이유가 분명하게 드러난다. 메멘토 모리를 외치는 우리의 시선을 받들어야 하는 것은 바로 우리의 '삶'이다. 한마디로 말해 잘 살아보자는 것이다. 그럼 이제 죽음에 관한 논의의 끝자락에서 이렇게 물어야 한다.

"어떻게 살 것인가?"

이제 마지막으로 그 이야기를 함께 풀어보기로 하자.

5. 죽음이 주는 선물-어떻게 살 것인가?

앞에서 살펴본 것처럼 탄생과 마찬가지로 죽음 또한 우리의 선택이 아니다. 우리의 선택지는 오직 탄생에서 죽음 사이의 과정, 바로 '삶'에 있는 것이다. 우리가 어떤 탄생, 어떤 죽음을 고를 수는 없지만 어떤 삶은 오롯이 나의 선택지에 머물러 있기 때문이다. 우리는 그 선택지 내의 현재적 삶을 어떻게 살아야 하는가에 대해 몇몇 학자들의 견해를 살펴보고자 한다.

1) 그대 자신이 되라

얼마 전 세상을 떠난 스티브 잡스는 우리에게 다른 사람의 삶을 사느라 시간을 낭비하지 말라고 조언한다. 잡스에 따르면, 삶에서 가장 중요한 것은 가슴과 영감을 따르는 용기를 내어 보는 것이다. 잡스는 삶이 만든 최고의 발명을 죽음으로 꼽는다. 그는 우리가 죽음을 향해 가는 유한한 존재라는 변함없는 사실이 삶을 대신해 변화를 만든다고 주장한다.

이즈음에서 그러한 말을 설득적으로 우리에게 건네는 한 학자를 만나 보자.

> 너는 너의 주인이 되어야만 한다. 또한 네가 너의 덕성들의 주인이 되어야 한다.
>
> 예전에는 그 덕성들이 너의 주인이었다. 그러나 그것들은 이제 다른 도구들과 나란히 너의 도구일 수 있을 뿐이다. 너는 너의 찬성과 반대를 결정할 수 있는 힘을 획득해야 하며, 그것들을 너의 높은 목적에 따라 내걸거나 다시 거둬들일 줄 아는 법을 배워야 한다.
>
> (프리드리히 니체(2002). 《인간적인 너무나 인간적인》. pp.17~18)

'여러분 자신은 자신 안에서 우러나는 용기를 주축으로 삼아 지금 그 자리를 버티고 서 있는가?' 그 물음 앞에서 우리는 그렇다고 단언하지 못한 채, 주춤거리게 된다. 덕성이 우리의 주인이 된다는 것과 우리 자신이 덕성의 주인이 된다는 것이 함의하는 차이는 다음과 같다.

전자가 가없이 도달해야 하는 목표, 자신을 잘라 맞추어야 하는 기준 등에 의해 정작 자신을 삭제시켜버리는 것이라면, 후자는 매 순간을 자신의 간절함으로 포착한다. 그리고 그러한 삶을 살기 위해서 우리는 매 순간 충일(充溢)한 정신으로 깨어 있지 않으면 안 된다. 그런데 거기서 생기는 만족감은 조건제시법이 아니다. 깨어 있는 삶은 '~을 갖는다면', '~을 이룬다면' 등의 조건을 만족시켜야 비로소 행복한 것이 아니고, 지금, 여기 자신이 내딛는 걸음걸음 그 자체에서 만족감을 갖는 것이다.

니체는 그것을 일컬어 '운명애'라고 부른다. 니체의 말에 잠시 귀를 기울여 보자.

> Amor fati! 너의 운명을 사랑하라! 이것이 지금부터 나의 사랑이 될 것이다!
> 나는 추한 것들과 전쟁을 벌이지 않으련다. 나는 비난하지 않으련다.
> 나를 비난하는 자도 비난하지 않으련다. 눈길을 돌리는 것이 나의 유일한 부정이 될 것이다!
>
> (프리드리히 니체(2005). 《즐거운 학문 메시나에서의 전원시 유고》. p.255)

자신이 딛고 선 자리에서 그 현실을 있는 그대로 긍정하는 기꺼움이 바로 니체가 우리에게 전하는 운명애의 핵심이다. 그것은 한순간도 자기 자신이지 않을 때가 없는, 말 그대로의 기꺼움이다. 다시 말해 공부를 하는 순간, 누군가와 연정을 나누는 순간, 홍소(哄笑)를 터뜨리는 순간, 그리고 놀이하는 순간조차도 자신의 에너지로 가동시키는 자기주도의 힘이 그것이다.

말처럼 그것이 쉬우냐고 되묻고 싶을 것이다. 니체는 안전한 삶을 원형궤도를 따라서 정해진 길을 도는 삶이라고 표현한다. 그러한 안전한 삶에서 벗어난다는 것은 달리 말해, 때로는 위험을 버텨내야 하는 용기를 가져야 한다는 의미를 갖기도 한다.

줄을 타는 어름산이는 가장 가벼운 상태일 때 허공으로 발을 내딛는다. 구경꾼들의 환호 혹은 야유의 소리에 귀를 닫고, 오롯이 줄과 자신만 남은 상태가 되었을 때가 바로 가장 가벼운 상태다. 그런데 그것은 가장 위험한 상태이기도 하다. 왜 그럴까? 그것은 단 한순간이라도 자신을 벗어나 '구경꾼의 반응'이라는 원형궤도 속으로 빨려 들어가는 찰나 딱딱한 땅바닥으로 몸뚱이가 내동댕이쳐질 것이 분명하기 때문이다. 그러나 줄 아래 안전한 매트를 놓는 순간, 이미 광대는 광대가 아니다. 마찬가지로, 단단한 안전, 보장된 미래, 정해진 답만을 좇는 삶에는 정작 '나'라는 존재가 삭제되기 십상이다. 이때 니체가 말하려는 진의는 목표를 가지고 열심히 사는 것이 틀렸다는 것이 아니다. 그것은 의심 없이, 고민 없이 무턱대고 주어진 궤도를 돌지 말라는 의미다. 그리고 모든 선택과 노력은 자신의 몸을 관통하여, 자신의 결정으로 힘겹게 이루어져야 한다는 권고다. 니체를 따라 그것을 규정하자면 그러한 삶만이 '진정한 삶' 이다.

진정한 삶을 살고 싶은가?

그렇다면, 그대 자신이 되라!

2) 불안을 버텨라

지그문트 바우만(Z. Banman)은 우리가 살고 있는 현대를 가리켜, '고독을 잃어버린 시간' 이라고 표현한다. 바우만의 표현처럼, 우리는 가만히 있는 것을 죄악으로 부추기는 시대를 살고 있다. 지하철을 타고 이동하는 순간, 심지어 길을 걷는 순간에도 나를 오롯이 혼자 내버려둘 수가 없다. 스마트폰을 들여다보거나 하다못해 이어폰을 꽂은 채 음악이라도 듣지 않으면, 마치 나 자신이 시간을 낭비하는 잘못을 저지른다고 여기는 것이다. 그래서 심지어 잠자리에 드는 순간조차 나를 오롯이 고독하도록 내버려둘 수가 없다.

에리히 프롬도 유사한 말을 한다. 그에 따르면, 근대 이후의 인간들은 정작 자유를 버티지 못한다고 말한다. 이름하여 '자유로부터의 도피' 다. 인간이 행복과 더불어 가장 갈망하는 것이 자유일진대, 그러한 자유로부터의 도망이라니 의아할 것이다. 그것은 자유의 전제조건 때문이다. 앞에서 예로 들었던 어름산이의 전제조건이 위험인 것처럼, 자유의 전제조건은 바로 '불안' 이다. 뒤집어 말해, 안정된 것, 확정된 것에는 자유가 주어지지 않는다. 우리가 버텨내지 못하는 것은 바로 이 불안이다. 불안을 버티며 자유를 구가하는 것과 자유를 반납하며 불안을 삭제하는 것 사이에서 대부분의 우리가 선택하는 것은 결국 후자다.

우리는 자신에게 주어진 자유로부터 도피해서 자기 이외의 어떤 존재들에 종속되려고 발버둥친다. 결과적으로 우리는 외부 세계가 규정하는 자신을 그대로 수용함으로써 자기 자신이 되는 것을 자신의 손으로 중지시켜 버린다. 개인적인 자아를 포기한 채 '자동인형'이 되어버린 우리는 주위의 자동인형들과 동일화 되고, 따라서 불안을 느낄 필요가 없게 된다.

니체는 불안을 버텨내기 두려운 우리에게 '위험하게 살라!'고 강하게 권유한다. 매 순간을 가능성으로 열어두고, 주어지는 정답을 좇지 않는 용기가 위험하게 살 수 있는 조건이 된다. 불안을 버텨내는 대가는 내 삶을 스스로 선택하여 꾸리는 자유이며, 위험함을 무릅써 보는 삶의 열매는 매 순간 다가오는 설레임 그리고 자발적으로 솟아나는 열정이다.

자유로운 삶을 살고 싶은가?

그렇다면 불안을 버텨라!

3) 여유를 가져라

> 속도는 기술 혁명이 인간에게 선사한 엑스터시의 형태이다. 오토바이 운전자와는 달리, 뛰어가는 사람은 언제나 자신의 육체 속에 있으며, 끊임없이 자신의 물집들, 가쁜 호흡을 생각할 수밖에 없다. 뛰고 있을 때 그는 자신의 체중, 자신의 나이를 느끼며, 그 어느 때보다도 더 자신과 자기 인생의 시간을 의식한다. (밀란 쿤데라(2012). 《느림》. pp.6~7)

밀란 쿤데라의 책, 《느림》의 구절처럼 속도를 붙이며 달리는 가운데서는 온전히 삶의 진정성을 느낄 수가 없다. 대나무의 부드러운 마디들이 꼿꼿이 위로 솟은 나무의 키를 버텨내는 원동력인 것과 마찬가지로, 속도를 줄이는 여유로움은 긴 호흡으로 살아내야 하는 우리네 삶의 필수조건이다.

> 어찌하여 느림의 즐거움은 사라져버렸는가? 아, 어디에 있는가, 옛날의 그 한량들은? 민요들 속의 그 게으른 주인공들, 이 방앗간 저 방앗간을 어슬렁거리며 총총한 별 아래 잠자던 그 방랑객들은? 시골길, 초원, 숲 속의 빈터, 자연과 더불어 사라져버렸는가?
>
> 한 체코의 격언은 그들의 그 고요한 한가로움을 하나의 은유로써 이렇게 정의하고 있다. 그들은 신의 창(窓)들을 관조하고 있다고. 신의 창들을 관조하는 자는 따분하지 않다. 그는 행복하다. 우리 세계에서, 이 한가로움은 빈둥거림으로 변질되었는데, 이는 성격이 전혀 다른 것이다. 빈둥거리는 자는, 낙심한 자요, 따분해 하며, 자기에게 결여된 움직임을 끊임없이 찾고 있는 사람이다. (밀란 쿤데라(2012). 《느림》. pp.7~8)

우리네 일상의 바쁜 삶에서 여유는 어느 사이 실패와 동의어가 되어버렸다. 따라서 우리는 한가로움, 빈둥거림, 느림을 어느 사이 경멸의 시선으로 바라본다. 느림을 누린다는 것은 보다 적극적인 행위다. 그것은 스마트폰을 만지작거리거나 텔레비전을 보며 뒹구는 수동적이고 기계적인 방식과 구분되는 행위인 것이다.

지금 하고 있는 행위들을 멈추고, 가만히 있어 보라. 들리지 않았던 소리가 어느 사이엔가 귓가를 파고들 수도 있고, 느낄 사이 없었던 진정한 울림이 나의 내면에서 일어날 수도 있을 것이다.

행복한 삶을 살고 싶은가?

그렇다면, 여유를 가져라!

생각해봅시다.

1. 죽음의 속성은 무엇인가?
2. 죽음의 선구란 어떤 의미인가?
3. 죽음 수용의 단계에는 어떤 것이 있는가?
4. 죽음을 가르친다면, 어떤 수업을 할 것인가?
5. 잘 산다는 것은 어떻게 사는 것일까?
6. 나의 유언장을 작성해보자.

[도움 줄 책]

· EBS MEDIA(2014). 《EBS 다큐프라임 죽음》. 책담.
· 밀란 쿤데라. 김병욱 역(2012). 《느림》. 민음사.
· 셸리 케이건. 박세연 역(2012). 《DEATH 죽음이란 무엇인가》. 엘도라도.
· 레프 톨스토이. 고일 역(2013). 《이반 일리치의 죽음》. 작가정신.
· 엘리자베스 퀴블러 로스 · 데이비드 케슬러. 류시화 역(2008). 《인생수업》. 이레.

참고문헌

강신주(2010). 《철학 VS 철학》. 그린비.
강신주(2010). 《철학적 시 읽기의 즐거움》. 동녘.
고미숙(2012). 《공부의 달인 호모쿵푸스》. 북드라망.
기 드 모파상. 이정림 역(2015). 《모파상 단편선》. 범우.
김용옥(2001). 《노자와 21세기 1》. 통나무.
김용옥(2001). 《노자와 21세기 2》. 통나무.
김정운(2011). 《노는 만큼 성공한다》. 21세기북스.
김중술(2005). 《新 사랑의 의미》. 서울대학교출판부.
김현(1995). 《한국문학의 위상》. 문학과 지성사.
레프 톨스토이. 고일 역(2013). 《이반 일리치의 죽음》. 작가정신.
로버트 스턴버그. 최연실 역(2001). 《사랑의 심리학》. 하우기획출판.
롤로 메이. 백상창 역(2010). 《자아를 잃어버린 현대인》. 문예출판사.
리즈 호가드. 이경아 역(2006). 《행복》. 예담.
마르틴 부버. 윤석빈 역(2007). 《인간의 문제》. 길.
마르틴 하이데거. 오병남 · 민형원 역(1996). 《예술작품의 근원》. 예전사.
말콤 글레드웰. 노정태 역(2009). 《아웃라이어》. 김영사.
모건 스콧 펙. 신승철 · 이종만 역(2007). 《아직도 가야 할 길》. 열음사.
미셸 푸코. 오생근 역(2003). 《감시와 처벌》. 나남출판.
밀란 쿤데라. 김병욱 역(2012). 《느림》. 민음사.
박경철(2011). 《시골의사 박경철의 자기혁명》. 리더스북.
박재주(2010). 〈공자와 아리스토텔레스의 우정 관념 통합 분석〉. 《윤리교육연구 제22호》:177~194.
박종현(1993). 《플라톤: 메논 · 파이돈 · 국가》. 서울대학교출판부.
박홍규(2012). 《마르틴 부버》. 홍성사.
벨 훅스. 윤길순 역(2004). 《사랑의 모든 것》. 동녘.
셸리 케이건. 박세연 역(2012). 《DEATH 죽음이란 무엇인가》. 엘도라도.
스튜어트 다이아몬드. 김태훈 역(2011). 《어떻게 원하는 것을 얻는가》. 8.0(에이트포인트).
스티븐 나흐마노비치. 이상원 역(2008). 《놀이, 마르지 않는 창조의 샘》. 에코의 서재.
아리스토텔레스. 이창우 외 역(2006). 《니코마코스 윤리학》. 이제이북스.
앙드레 콩트 스퐁빌. 조한경 역(1997). 《미덕에 관한 철학적 에세이》. 까치.

앤서니 기든스. 배은경 · 황정미 역(2001). 《현대사회의 성 · 사랑 · 에로티시즘》. 새물결.
양희규(2005). 《꿈꾸는 간디학교 아이들》. 가야넷.
에리히 프롬. 차경아 역(1998). 《소유냐 존재냐》. 까치.
에리히 프롬. 황문수 역(2006). 《사랑의 기술》. 문예출판사.
엘리자베스 퀴블러 로스 · 데이비드 케슬러. 류시화 역(2008). 《인생수업》. 이레.
여태전(2004). 《간디학교의 행복 찾기》. 우리교육.
올더스 헉슬리. 이덕형 역(1998). 《멋진 신세계》. 문예출판사.
요한 하위징아. 이종인 역(2010). 《호모 루덴스》. 연암서가.
우메다 순사쿠 · 우메다 요시코. 송영숙 역(2014). 《모르는 척》. 길벗어린이.
이무석(2009). 《나를 사랑하게 하는 자존감》. 비전과 리더십.
이미식 · 이연수(2015). 〈대학생용 관계성 증진 프로그램(RPP) 개발 및 효과 검증〉. 《한국초등교육 26권 1호》. 서울교육대학교 초등국어교육연구소.
이왕주(1994). 《철학풀이, 철학살이》. 민음사.
이왕주(2001). 《쾌락의 옹호》. 문학과 지성사.
전경갑(1998). 《현대와 탈현대의 사회사상》. 한길사.
정영진(2006). 《사람이 모이는 리더 사람이 떠나는 리더》. 리더북스.
제이시 두가드. 이영아 역(2011). 《도둑맞은 인생》. 문학사상.
정익중(2007). 〈청소년기 자아존중감과 발달 궤적과 예측요인〉. 《한국청소년연구 제18권 3호》. pp.127~166.
조셉 드비티스 외. 박장호 역(1998). 《성공이란 무엇인가?》. 백의.
조윤옥(2014). 〈관계중독 치유에 관한 연구〉. 《신학과 실천 제38호》. 409-440.
존 롤즈. 황경식 역(2003). 《정의론》. 이학사.
최인수(2011). 《창의성의 발견》. 쌤 앤 파커스.
탁석산(2009). 《성적은 짧고 직업은 길다》. 창비.
토머스 모어. 주경철 역(2007). 《유토피아》. 을유문화사.
프란츠 카프카. 박환덕 역(1998). 《심판》. 범우사.
프란츠 카프카. 전영애 역(1998). 《변신 · 시골의사》. 민음사.
프리드리히 니체. 김미기 역(2002). 《인간적인 너무나 인간적인》. 책세상.
프리드리히 니체. 안성찬 · 홍사현 역(2005). 《즐거운 학문 메시나에서의 정원시 유고》. 책세상.

프리드리히 니체. 정동호 역(2000). 《차라투스트라는 이렇게 말했다》. 책세상.
플라톤. 최현 역(1997). 《플라톤의 국가론》. 집문당.
피터 싱어. 함규진 역(2009). 《물에 빠진 아이 구하기》. 산책자.
필립 반 덴 보슈. 김동윤 역(1999). 《행복에 관한 10가지 철학적 성찰》. 자작나무.
한나 아렌트 외 2인. 서유경 역(2013). 《한나 아렌트: 사랑개념과 성 아우구스티누스》. 텍스트.
한병철(2015). 《심리정치》. 문학과지성사.
한송이·홍혜영(2010). 〈미혼 남녀의 사랑의 유형과 자아존중감, 관계만족도, 신뢰성 연구〉. 《통합치료연구 제2권 1호》. pp.25~48.
한혜경(2014). 《남자가 은퇴할 때 후회하는 스물다섯 가지》. 아템포.
혼다 켄. 홍찬선 역(2005). 《돈과 인생의 비밀》. 더난출판사.
황농문(2013). 《공부하는 힘》. 위즈덤하우스.
황상민(2014). 《나란 인간》. 푸른숲.
A. M. 파인스. 윤영삼 역(2005). 《LOVE: 사랑에 대해 알아야 할 모든 것》. 다산초당.
EBS MEDIA(2014). 《EBS 다큐프라임 죽음》. 책담.
EBS(2015). 《왜 우리는 대학에 가는가》. 해냄.

[기타 자료]

《논어(論語)》.
《중용(中庸)》.
EBS(2014). 〈다큐프라임-법과 정의〉.
김기덕(2002). 영화 〈나쁜 남자〉.
로브 라이너(2007). 영화 〈버킷리스트〉.
피터 위어(1990), 영화 〈죽은 시인의 사회〉.

20 년 월 일 교시

학번 :

학과 : 성명 :

구분	내용	비고
토론주제(개인)		
토론주제(모둠)		
토론 내용		
토론에 대한 평가 및 토론 후 변화된 점		

20 년 월 일 교시
학번 :
학과 : 성명 :

구분	내용	비고
토론주제 (개인)		
토론주제 (모둠)		
토론 내용		
토론에 대한 평가 및 토론 후 변화된 점		

20 년 월 일 교시
학번 :
학과 : 성명 :

구분	내용	비고
토론주제(개인)		
토론주제(모둠)		
토론 내용		
토론에 대한 평가 및 토론 후 변화된 점		

20 년 월 일 교시

학번 :

학과 : 성명 :

구분	내용	비고
토론주제(개인)		
토론주제(모둠)		
토론 내용		
토론에 대한 평가 및 토론 후 변화된 점		

20 년 월 일 교시
학번 :
학과 : 성명 :

구분	내용	비고
토론주제(개인)		
토론주제(모둠)		
토론 내용		
토론에 대한 평가 및 토론 후 변화된 점		

20 년 월 일 교시
학번 :
학과 : 성명 :

구분	내용	비고
토론주제(개인)		
토론주제(모둠)		
토론 내용		
토론에 대한 평가 및 토론 후 변화된 점		

20 년 월 일 교시
학번 :
학과 : 성명 :

구분	내용	비고
토론주제(개인)		
토론주제(모둠)		
토론 내용		
토론에 대한 평가 및 토론 후 변화된 점		

20 년 월 일 교시
학번 :
학과 : 성명 :

구분	내용	비고
토론주제 (개인)		
토론주제 (모둠)		
토론 내용		
토론에 대한 평가 및 토론 후 변화된 점		

20 년 월 일 교시
학번 :
학과 : 성명 :

구분	내용	비고
토론주제 (개인)		
토론주제 (모둠)		
토론 내용		
토론에 대한 평가 및 토론 후 변화된 점		

[저자 소개]

심성보
고려대학교 교육학과를 졸업하고 동 대학원에서 석 · 박사학위를 받았다. 런던교육대학원에서 수학하였고, 호주 시드니대학 방문교수를 지낸 바 있다. 현재 부산교육대학교 교수이자 한국교육연구네트워크 이사장, 흥사단교육운동본부 상임공동대표를 맡고 있다. 《새로운 사회를 여는 교육혁명》, 《새로운 사회를 여는 교육자치 혁명》, 《혁신학교에 대한 교육학적 성찰》 등을 공동 집필했으며, 《비판적 페다고지는 세상을 변화시킬 수 있는가?》 등을 번역했고, 저서로 《전환시대의 교육사상》, 《민주화 이후의 공동체교육》, 《민주시민교육》, 《민주시민을 위한 도덕교육》 등이 있다. 이 책의 1장과 3장을 집필했다.

이미식
부산대학교에서 윤리교육과를 졸업하고 동 대학원에서 석·박사 학위를 받았다. 현재 부산교육대학교 윤리교육과 교수로 재직하고 있다. 이 책의 4장과 5장을 집필하였다

김형철
부산대학교 윤리교육과에서 윤리학을 전공하였다. 현재 부산 이사벨 고등학교 교사로 재직하고 있다. 본서의 2장을 집필하였다.

김남희
부산대학교 윤리교육과에서 석 · 박사 과정을 마쳤다. 현재 부산교육대학교에서 강의를 하고 있다. 본서의 7장과 8장을 집필하였다.

조수경
부산대학교 윤리교육과를 졸업하고 동대학원에서 석 · 박사과정을 마쳤다. 전직 중등교원으로, 현재 부산대학교와 부산교육대학교에서 강의하고 있다. 본서의 6장과 9장을 집필하였다.

삶을 사는 데 필요한 아홉 가지 물음

인생교육론

2015년 8월 25일 1판 1쇄 인쇄
2015년 8월 30일 1판 1쇄 발행

지은이 심성보, 이미식, 김형철, 김남희, 조수경
펴낸이 조재성
펴낸곳 서현사

등록 2002년 8월 14일 제 03-01392호
주소 경기도 고양시 일산동구 중앙로 1055번지 레이크하임 206호
전화 031-919-6643
팩스 031-912-6643

ISBN 978-89-94044-77-4 93370
정가 14,000원